REIKI-GROEIBOEKJE

Ankertjesserie 193

ARIE LUIJERINK

Reiki-groeiboekje

Vijfde druk

UITGEVERIJ ANKH-HERMES BV
DEVENTER

Mijn dank gaat naar Reiki Master Marian van Staveren, voor haar helderheid en steun.

Fotografie: M. Luijerink

Eerste druk 1993
Tweede druk 1994
Derde druk 1995
Vierde druk 1996
Vijfde druk 1999

CIP-GEGEVENS KONINKLIJKE BIBLIOTEEK, DEN HAAG

Luijerink, Arie

Reiki-groeiboekje / Arie Luijerink ; [fotogr.: M. Luijerink]. – Deventer : Ankh-Hermes. – Foto's. – (Ankertjesserie, ISSN 0925-2126 ; 193)
Met lit. opg.
ISBN 90-202-0822-5
NUGI 747
Trefw.: Reiki.

© 1993 Uitgeverij Ankh-Hermes bv, Deventer

Uit deze uitgave mag uitsluitend iets verveelvoudigd, opgeslagen in een geautomatiseerd gegevensbestand en/of openbaar gemaakt worden door middel van druk, fotokopie, microfilm, opnamen, of op welke andere wijze ook, hetzij chemisch, elektronisch of mechanisch, na voorafgaande schriftelijke toestemming van de uitgever.

Any part of this book may only be reproduced, stored in a retrieval system and/or transmitted in any form, by print, photoprint, microfilm, recording, or other means, chemical, electronic or mechanical, with the written permission of the publisher.

Inhoud

Inleiding 9

DEEL EEN
Wat is Reiki 11
Wat doet Reiki 11
Reiniging 12
Reiki helpt bij alle kwalen 14
Je geeft alleen maar door 15
Reiki gaat overal doorheen 16
Bijwerkingen 16
Geneesmiddelen 17
Het Reiki-gevoel 18
Wie kunnen met Reiki werken 19
De geschiedenis van Reiki 20
De verschillende graden 23
De eerste graad 23
Het geven van een behandeling met de eerste
graad 24
De handposities 25
'Afstrijken' 38
Een zittende behandeling 38
Jezelf behandelen 46
Het aantal behandelingen 53
De tweede graad 54
Nog wat voorbeelden van werken voor jezelf ..56
De derde graad 58
De Reiki-leefregels 59
Houd het simpel 61
Als mensen niet genezen 62
Een paar praktische zaken 64
De Reiki Alliance 65
De N.V.R.M. 66

DEEL TWEE
Onvoorwaardelijke liefde 69
Meer over liefde 71
Het kind in jezelf 74

De ouder in jezelf	75
De volwassene	75
Samenwerken in plaats van strijden	76
Overnemen is een werkwoord	78
Helderziendheid	80
Geld, kracht en liefde	80
Geld voor behandelingen	82
Nu	84
Eigen verantwoordelijkheid	85
Uit je emoties	86
Tot slot	89
Aanbevolen boeken	90

Inleiding

Dit boekje gaat over Reiki, de universele levensenergie, die overal om ons heen is, over hoe we weer aangesloten kunnen worden op de bron van die energie en hoe we ermee kunnen omgaan om onszelf en anderen zowel lichamelijk als geestelijk te helen en onze spirituele groei te bevorderen.
Toen ik zelf in 1985 ging deelnemen aan een Reiki-cursus deed ik dat in de verwachting weer een nieuwe methode, nog een techniek te leren waarmee ik mijn arsenaal van vaardigheden ten behoeve van anderen zou kunnen uitbreiden. Ik werd er dan ook totaal door overrompeld, toen er ook iets met mezelf bleek te gebeuren; er werd een veranderingsproces in gang gezet waarvan het eind nog steeds niet in zicht is. Een van de prachtige kanten van het leven als Reiki Master is de mogelijkheid om die ervaring van verandering met anderen te kunnen delen, erbij te zijn als deelnemers tijdens een cursus weer bij hun kracht komen, wanneer de ogen helderder worden en het gezicht opener.
Dit boekje is een poging om aan te geven wat je van Reiki-behandelingen en Reiki-cursussen mag verwachten en hoe je met het geleerde kunt omgaan.

Arie Luijerink
Reiki Master

Deel een

Dr. Mikao Usui, de grondlegger van de Reiki-methode

Wat is Reiki?

Het Japanse woord Reiki betekent letterlijk 'universele levensenergie'. Alles wat leeft – planten, dieren, mensen – heeft die energie nodig om te kunnen leven, groeien en herstellen van ziekte. Die energie bevindt zich overal om ons heen en heeft een voedend effect op ons lichaam, onze geest en ons gevoelsleven. Iedereen is na zijn geboorte in staat om die energie vrijelijk in zich op te nemen en door te geven. Door het verdringen van heftige emoties in de eerste levensjaren wordt echter bij vrijwel iedereen dat vermogen in meer of mindere mate geblokkeerd. Door deze blokkades kan de universele levensenergie niet meer volledig doorstromen. Een tekort aan deze levensenergie veroorzaakt een grotere gevoeligheid voor ziekten, en vertraagt het herstel. Tijdens een Reiki-cursus worden bij de deelnemers de blokkades in de energiehuishouding losgemaakt, zodat zij weer onbeperkt levensenergie kunnen opnemen en zelfs doorgeven aan anderen.

Wat doet Reiki?

Een van de eerste dingen die Reiki voor ons doet, is het weer op gang brengen van ons zelfgenezend vermogen. Waar Reiki naartoe stroomt wordt datgene wat ziekte veroorzaakt of herstel in de weg staat opgelost, zodat het uit ons systeem kan verdwijnen. Daardoor geneest de ontvanger van Reiki zichzelf. En dat geeft een volstrekt ander resultaat dan wanneer onze kwaal van ons weggenomen wordt door anderen, met behulp van medicijnen, operaties of andere behandelwijzen. Een kwaal die door ons eigen systeem is overwonnen, komt ook niet meer terug, omdat we niet alleen de ziekte, maar ook de oorzaak ervan hebben overwonnen. We zijn er sterker van geworden. Het herstelde zelfgenezend vermogen helpt je ook om beter om te gaan met jezelf. Zo zal je lichaam je bijvoorbeeld sneller waarschuwen als je dingen eet of drinkt die niet goed voor je zijn.

Door het opruimen van lichamelijke en geestelijke belemmeringen ontstaat er ruimte. Ruimte voor levenskracht en groei, ruimte voor het ontwikkelen van talenten. Talenten die altijd al aanwezig waren, maar die nooit eerder de kans kregen om tot volle wasdom te komen.

Reiniging

Het herstel van het zelfgenezend vermogen gaat altijd gepaard met een reinigingsproces. Een reinigingsproces op lichamelijk vlak; afvalstoffen die zich in de loop der jaren in je lichaam hebben vastgezet komen weer los, zodat je lichaam deze weer kan verwijderen. Veel water drinken is dan ook in die periode van belang; dat helpt je lichaam die afvalstoffen af te voeren.

Ook op emotioneel niveau kan reiniging plaatsvinden. Oude emoties die je (misschien in een ver verleden) hebt verdrongen, komen dan weer bij je naar boven, zodat je ze nu definitief kunt loslaten. Je hoeft daar niet bij voorbaat bang voor te zijn; je krijgt nooit meer te verwerken dan je op dat moment aankunt en jezelf Reiki geven tijdens een periode waarin je het moeilijk hebt met jezelf, helpt je er weer snel doorheen.

Waar je in die emotionele reinigingsperiode wel op kunt letten, is dat je niet in de val trapt die voor ons allemaal op het moment dat we emotioneel worden, wijd open staat, namelijk projectie. Als we boos of verdrietig worden, kijken we meestal onmiddellijk om ons heen om daarvoor een 'schuldige' te zoeken. Een partner, een chef, iemand anders zien we dan als de oorzaak van onze woede, ons verdriet, ons gevoel afgewezen of bedreigd te worden. Vaak gaan we daarbij zelfs zover om, wanneer daar op het moment zelf geen aanleiding voor is, die ander maar uit te nodigen of uit te dagen om zich jegens ons te 'misdragen', zodat onze emotie tenminste gerechtvaardigd is. Wees je ervan bewust dat de emoties die misschien bij je boven komen door Reiki-behandelingen of doordat je de cursus gevolgd hebt, niets met vandaag te maken hebben. Ze zijn oud. Een goede, simpele en vaak verhelderende manier om ermee om te gaan is het schrijven van 'brieven'.

Schrijf een brief aan diegene van wie je denkt dat hij of zij de oorzaak is van je boosheid, je verdriet, je angst. Je schrijft die brief niet met de bedoeling om hem ooit aan die ander te laten lezen, je schrijft die brief voor jezelf, om de emoties toe te laten en van je af te schrijven. Je hoeft dus geen nette zinnen te schrijven, of begrijpend te zijn. Zet de rauwe emoties op het papier. Vaak zul je merken dat, wanneer je begint te schrijven aan iemand van vandaag die je als oorzaak van je emotie ziet, je opeens ontdekt dat je in feite aan iemand uit je verleden zit te schrijven, je vader of je moeder bijvoorbeeld. De emotie is er niet een van dit moment, maar komt eindelijk te voorschijn uit een laadje waar je hem al lang geleden had weggestopt. Als je de brief hebt geschreven, bewaar hem dan niet, maak er een prop van en verbrand hem. Het verbranden van die emotionele uitbarsting helpt – hoe vreemd het ook mag klinken – bij het loslaten van de emotie.

De zin van het naar boven laten komen en verwerken van oude emoties is, dat het onderdrukken ervan een hoop energie kost. Die energie kun je beter gebruiken. Je ontdekt ook welke oude ervaringen nog steeds de zogenaamde werkelijkheid van vandaag kleuren. En tot slot: door die oude emoties niet te willen voelen, is het contact met jezelf ook uitermate onvolledig. Als je oud – belemmerend – gedrag loslaat, zul je dat in het begin misschien best missen omdat het zo vertrouwd was, maar stel je eens een leven voor zonder al die ballast. Eenmaal ervan bevrijd ga je een stuk lichter door het leven.

Een wel heel illustratief voorbeeld van hoe intensief het reinigingsproces dat door Reiki-behandelingen op gang gebracht wordt, kan werken, hoorden wij van een van onze cursisten. Zijn broer sukkelde al van kindsbeen af met een van zijn benen. Onverklaarbare pijnen, jeuk en voortdurende huiduitslag waren de symptomen. Medisch onderzoek en steeds wisselende geneesmiddelen hadden nooit iets opgeleverd. Na een aantal Reiki-behandelingen te hebben ontvangen stond deze broer op een morgen onder de douche en terwijl hij dat been waste voelde hij iets door zijn huid prikken. Het bleek het puntje van een spijker te zijn. Als kind was deze man ooit in een roestige spijker getrapt, die blijkbaar onvolledig was verwijderd. Het puntje was door zijn been gaan zwerven en had de eerder genoemde problemen opgeleverd. Door de behandelingen met Reiki was de oorzaak van de kwaal wel heel letterlijk aan het licht gebracht.

Reiki helpt bij alle kwalen

Reiki steunt de ontvanger bij datgene wat op dat moment het belangrijkste is. Dat kan genezing van het lichaam zijn. Het kan ook zijn dat gedachtenpatronen waarmee we onszelf ziek of ongelukkig maken, erdoor veranderen. Reiki werkt nooit alleen in op de symptomen, maar altijd op de hele mens. De onderlinge verwevenheid van lichaam en geest bij het ontstaan en in stand houden van ziekten is reden om als het maar enigszins mogelijk is, iemand altijd een volledige behandeling te geven en ons niet te beperken tot de plaats waar de klacht zetelt. Als het niet mogelijk is iemand een hele behandeling te geven, kan men zich be-

perken tot de zieke plek. Per slot van rekening is tien minuten Reiki al veel beter dan helemaal geen Reiki.
In de jaren dat onze cursisten en wijzelf nu met Reiki werken, hebben we nog geen ziekten ontmoet waarop Reiki-behandelingen geen helende invloed hadden. (Soms wel een enkele zieke, maar daarover later). We hebben geleerd dat ons oude vooroordeel dat hoe langer een ziekte bestaat, hoe langer het duurt voor hij genezen kan worden, lang niet in alle gevallen opgaat, want zo nu en dan zagen we chronische of 'ongeneeslijke' ziekten in een wonderlijk snel tempo verdwijnen. We hebben door die ervaringen geleerd te vertrouwen op de helende werking van de energie die uit onze handen stroomt als wij iemand behandelen. We hebben echter ook geleerd dat het kan voorkomen dat een leven niet gered wordt. Dat iemand die behandeld wordt, in het laatste stadium van een terminale ziekte weliswaar minder last heeft van de symptomen, van pijn of angst voor de dood en zijn laatste periode nog rust en vrede ervaart, maar toch sterft. Reiki is voor het leven, het is niet tegen de dood.

Je geeft alleen maar door

Doordat je tijdens een Reiki-cursus 'geopend' wordt voor het ontvangen en doorgeven van energie, word je nooit moe van het geven van een Reiki-behandeling. Deze energie doorstroomt eerst jezelf en daarna pas de ander. Je geeft dus niet, zoals dat bij sommige andere geneeswijzen wel het geval is, je eigen levensenergie weg aan een ander. Een bijkomend voordeel daarvan is dat je geen pijnen en stemmingen van anderen overneemt. Meestal word je zelf rustiger en helderder van het geven van een behandeling. Het feit dat je alleen maar helende energie doorgeeft aan een ander, houdt tevens in, dat je niets hoeft te weten van anatomie, fysiologie of pathologie en jezelf niet presenteert als therapeut, of 'genezer'. Jij geneest de ander niet, jij geeft energie door, en die energie steunt de ander bij zijn genezingsproces.

Reiki gaat overal doorheen

Kleding, verband, gipscorsetten etcetera belemmeren de doorgave van Reiki niet in het minst, het gaat overal doorheen. Daardoor kunnen ook plekken die niet aangeraakt kunnen worden zoals (brand)wonden, besmettelijke huiduitslag en dergelijke behandeld worden door de handen op ongeveer één centimeter boven de plek te houden.

Bijwerkingen

Hoewel de ervaring ons heeft geleerd dat Reiki in alle gevallen zonder problemen is toe te passen, ook naast andere al dan niet reguliere geneeswijzen, is het goed iets te weten van mogelijke bijwerkingen. Tijdens de cursusdagen en op andere momenten waarop je veel met Reiki bezig bent, reageert je lichaam bijvoorbeeld sterker dan anders op het gebruik van alcohol. Enige matigheid is dan ook aan te bevelen ter voorkoming van katers en dergelijke. Voorts is het mogelijk dat ontvangers van behandelingen daar de eerste paar keer behoorlijk moe van worden. Dat is meestal het geval bij mensen die onder spanning leven. Door een overvloed aan stresshormonen voelen zij hun vermoeidheid niet. Als zij zich door de werking van Reiki weer gaan ontspannen, worden ze zich weer van hun vermoeidheid bewust. Verder kan op plaatsen in het lichaam waar de energie wel in, maar niet uit kan, zoals bij ingesloten ontstekingen en tumoren, pijn optreden tijdens de behandeling. Het is dan zaak om de ontvanger van de behandeling te laten aangeven waar zijn of haar grenzen liggen. Op dat moment dat de pijn te storend wordt, kun je je handen verplaatsen naar een volgende plek, om eventueel later weer terug te komen op de plaats waar de behandeling pijn veroorzaakt. Verder komt het regelmatig voor dat het reeds eerder genoemde reinigingsproces op lichamelijk niveau met zich meebrengt dat oude klachten en kwalen, (met name die klachten die in het verleden zijn onderdrukt met medicijnen), weer even de kop op steken, dat de klacht waarvoor iemand zich laat behandelen na de eerste paar behandelingen juist erger wordt of dat de behandelde enige tijd last heeft van slapeloosheid. Dat is geen enkele reden om je ongerust te maken, het betekent slechts dat het lichaam bezig is om oude rommel op te ruimen. Ook kan het, om dezelfde reden, voorkomen dat de ontvanger van behandelingen in het begin sterker gaat transpireren, een onprettige lichaamsgeur krijgt of dat ontlasting en urine enige tijd sterker gekleurd zijn en sterker ruiken dan anders. Een zeer klein percentage van de mensen die behandeld worden met Reiki, gaat soms tijdens de behandeling schokken. Meestal blijft dat beperkt tot schokken met een arm of been; een enkele keer ligt iemand in zijn geheel te schudden op de tafel. Ook dan is er geen enkele reden tot bezorgdheid; het lichaam bevrijdt zich op die manier van lang vastgehouden spanningen.

Geneesmiddelen

Het geven van Reiki-behandelingen aan mensen die geneesmiddelen gebruiken, kan zonder problemen gebeuren. De beoogde werking ervan wordt erdoor ondersteund, eventuele bijwerkingen worden verminderd. Wees je er echter wel van bewust dat de helende werking van Reiki met zich mee kan brengen dat er al na enige behandelingen minder geneesmiddelen gebruikt hoeven te worden. Zo komt het bijvoorbeeld vaak voor dat mensen met suikerziekte al na korte tijd moeten minderen met insuline. Laat de behandelde dat samen met zijn behandelende arts of specialist onderzoeken; ga daar zelf geen adviezen over geven.

Het Reiki-gevoel

Je kunt Reiki voelen op een aantal verschillende manieren. De een voelt zijn vingers of zijn handpalmen tintelen, de ander ervaart een gevoel van warmte, of zelfs van hitte. Mensen die een lage graad van lichaamsbewustzijn hebben, voelen soms de eerste tijd helemaal niets. Zo'n laag lichaamsbewustzijn kan in de loop der jaren ontstaan bij iemand die de gewoonte heeft om eigen gevoelens te verdringen. Na verloop van tijd verlies je dan steeds meer het contact met je gevoel en met je lichaam. Ik behoorde zelf tot die laatste groep en werd daar behoorlijk onzeker van. Gelukkig voelden de mensen op wie ik oefende, wel duidelijk energie stromen, zodat ik niet ('Zie je wel, bij mij werkt het weer niet.') de moed heb opgegeven. Gelukkig ging ik na verloop van tijd zelf ook meer voelen en zo werkt dat ook bij anderen.

Wanneer je iemand behandelt die erg ziek of vermoeid is, voel je de energie veel sterker stromen dan bij een gezonde ontvanger. Ook kan het zijn, dat je op sommige plaatsen bij iemand een gevoel van extreme koude voelt. Daar zit dan een oude en diepgewortelde blokkade die langdurige aandacht nodig heeft. Wanneer je echter de behandeling gewoon voortzet, merk je dat na verloop van tijd de energie ineens heel hard gaat stromen. Volhouden dus.

Wie kunnen met Reiki werken?

Iedereen die tijdens een Reiki-cursus de inwijdingen heeft ontvangen, kan er onmiddellijk mee werken, zowel voor zichzelf als voor anderen. Universele levensenergie ontvangen en doorgeven is geen gave van heel bijzondere mensen; het is het geboorterecht van iedereen. En hoe vaker je die energie laat stromen, hoe krachtiger die stroom wordt doordat je eigen systeem steeds meer gereinigd wordt. Je hoeft ook niet bang te zijn dat je het vermogen dat je door de inwijdingen hebt ontvangen, ooit kwijt kunt raken. Het blijft de rest van je leven bij je. Wat wel kan gebeuren, is dat je energiestroom door ellendige gebeurtenissen of doordat je een tijd lang negatieve gedachten koestert ('Ik ben niet goed genoeg.' of: 'Niemand houdt van me.') zwakker wordt. Vergeet juist op dergelijke momenten niet om jezelf dagelijks te behandelen; daardoor kom je een stuk sneller door je negatieve periode heen.
Een groot deel van de mensen die een Reiki-cursus volgen, heeft nog nooit een boek over alternatieve geneeswijzen, gezondheidsleer, spiritualiteit, of wat dan ook gelezen; dat vormt geen enkele belemmering. Het is ook niet nodig om 'erin te geloven'. Planten en dieren geloven ook niet in Reiki; ze reageren er evenwel zeer goed op. En hoewel het vrij regelmatig voorkomt dat oud-cursisten elkaar nog eens opzoeken om ervaringen en behandelingen uit te wisselen, word je geen lid van een groep of een sekte.
Doordat het werken met Reiki zo eenvoudig aan te leren en toe te passen is, is het werken ermee ook een ideale uitbreiding van de activiteiten van zelfhulpgroepen.

De geschiedenis van Reiki

Dr. Mikao Usui was een geestelijke die als docent werkte aan de Doshisha Universiteit in Kyoto, Japan. Hij leidde een rustig leven tot op het moment dat een student hem tijdens de les voor een uitdaging stelde die zijn leven volledig zou veranderen. De student refereerde aan de genezingen die in een ver verleden zouden zijn verricht door figuren als Boeddha en Jezus, zette vraagtekens bij de realiteit van deze oude verhalen en vroeg om bewijzen dat het werkelijk mogelijk was te genezen door handoplegging. Vanaf dat moment had dr. Usui geen rust meer. Hij verliet zijn post als docent, vertrok naar de Verenigde Staten waar hij aan de universiteit van Chicago Hebreeuws, Grieks en Latijn ging studeren omdat hij een sleutel meende te kunnen vinden in de oude authentieke bijbelse geschriften, die hij daarvoor in hun oorspronkelijke taal wilde kunnen bestuderen. Jaren van intensieve studie van deze oude teksten gaven hem echter niet het antwoord waar hij naar zocht. Gedesillusioneerd keerde hij weer terug naar Japan, waar hij zijn zoektocht voortzette in de oude boeddhistische geschriften en hij boeddhistische kloosters bezocht waar hij met de monniken sprak. Na zeven jaar intensief onderzoek vond hij wat hij al zo lang zocht: aantekeningen die door een volgeling van Boeddha waren gemaakt en die beschreven hoe Boeddha mensen genas en hoe deze daarbij een aantal symbolen gebruikte. Tot zijn grote spijt viel echter niet te achterhalen op welke manier deze symbolen gebruikt moesten worden en hoe deze kracht om te genezen verkregen zou kunnen worden. De abt van het klooster, inmiddels bevriend met dr. Usui, vertelde hem dat het bij hen de gewoonte was, dat als iemand met een probleem worstelde, hij zich terugtrok op de top van een nabijgelegen heilige berg om te vasten en te mediteren. Hij zei toen echter ook dat deze methode niet zonder gevaar was. Mikao Usui wilde echter geen kans onbenut laten om te vinden wat hij zo hartstochtelijk zocht. Op de bergtop aangekomen legde hij eenentwintig steentjes voor zich neer; elke dag wierp hij er eentje weg om zo nog een idee van de verstreken tijd te kunnen houden. De dagen gingen voorbij; dorst, honger en ontmoediging verzwakten hem terwijl hij steeds intensiever mediteerde en de goddelijke voorzienigheid en de natuurkrachten aanriep. De ochtend van de eenentwintigste dag, terwijl voor hem elke hoop vervlogen scheen, zag Mikao voor zich een bol licht van een immense helderheid ontstaan en raakte hij in een diepe trance. Duizenden veelkleurige bolletjes begonnen te dansen voor zijn ogen. Na enige tijd zag hij dat enkelen ervan doorzichtig waren en dat zij iets bevatten. Toen hij beter keek herkende hij de symbolen die hij had ontdekt in de geschriften van de volgeling van Boeddha. En onmiddellijk wist hij intuïtief wat deze symbolen betekenden en hoe hij ze moest gebruiken. Deze trance duurde enkele uren, en toen hij langzaam maar zeker weer in zijn normale bewustzijnstoestand terugkeerde wist Mikao Usui dat er geen reden meer was om nog langer op deze bergtop te blijven. Blij daalde hij de berghelling af, op weg om hetgeen hij ontdekt had met de wereld te delen.

Vanaf dit ogenblik was het leven van dr. Usui toegewijd aan de genezing van mensen. Hij begaf zich naar de armenwijk van Kyoto, genas door handoplegging zieke, bedelende mensen, zodat deze weer in staat waren voor zichzelf te zorgen, eerlijk hun brood te verdienen en een normaal leven te leiden buiten de armenwijk. Na geruime tijd ontdekte hij echter dat hij weer bekende gezichten terugzag van mensen die door hem waren genezen, waren gaan werken en waren verhuisd. Hoe was het mogelijk dat deze mensen weer waren teruggevallen in afhankelijkheid en ziekte? Toen hij met een aantal van hen ging praten, hoorde hij dat ze inderdaad na hun genezing de sloppenwijk hadden verlaten en elders werk hadden gevonden, maar dat ze hun nieuwe manier van leven te zwaar hadden gevonden en daarom weer waren teruggekeerd naar hun oude levensstijl. Deze mensen gaven er dus de voorkeur aan om ziek en afhankelijk te leven inplaats van de verantwoordelijkheid voor het eigen leven te dragen. Dokter Usui zag toen in dat het onmogelijk is 'iemand te genezen'. Het enige wat we kunnen doen, is iemand te steunen bij zijn genezing voor zover die persoon dat werkelijk wil en ook bereid is de volle verantwoordelijkheid te nemen voor wat dat inhoud. Ziekte en gezondheid zijn geen blijvende toestanden die afhankelijk zijn van iets buiten de mens zelf, ze zijn de uitdrukking van een staat van innerlijk evenwicht en innerlijke harmonie. Ze zijn afhankelijk van de vrije wil van elk individu.

Dr. Usui besefte dat hij zijn manier van werken moest herzien. Hij zou zich voortaan beperken tot mensen die werkelijk genezen wilden worden, hen leren zichzelf te genezen en hen vooral leefregels overdragen waarmee zij zichzelf op het mentale en psychische vlak konden helen, de Reiki-principes. Hierna vertrok dr. Usui uit de armenwijk en werkte nog slechts met diegenen die bereid waren om de volle verantwoordelijkheid voor hun eigen welzijn te dragen. Hij leerde deze mensen zichzelf en anderen te genezen op een manier die nu nog gehanteerd wordt. De Reiki-cursus was geboren.

Toen dokter Usui aan het einde van zijn leven was gekomen, wees hij een van zijn naaste volgelingen, dr. Hayashi, aan als zijn opvolger. Hij droeg alle kennis en ervaring die hij had verworven aan hem over. Dr. Hayashi stichtte een kliniek waar patiënten met Reiki werden behandeld, en daarna verspreidde Reiki zich zeer snel door heel Japan. Maar Reiki bleef niet beperkt tot Japan. Dank zij een vrouw uit Hawaï, Hawayo Takata, kon Reiki zich ook in de Verenigde Staten verspreiden. In de herfst van 1935 was mevrouw Takata naar Japan gekomen om zich daar in een kliniek voor kanker te laten behandelen. Kort voor de operatie had ze het sterke gevoel dat er andere manieren zouden moeten zijn om te genezen en ze vroeg of ze overgeplaatst mocht worden naar de kliniek van dr. Hayashi. Ze werd daar behandeld, genas en wijdde de rest van haar leven aan Reiki. Vlak voor de Tweede Wereldoorlog werd zij door dr. Hayashi ingewijd als zijn opvolgster. Hawayo Takata bracht Reiki naar Hawaï en gaf veel cursussen in Amerika, waar Reiki een grote vlucht nam. In 1980 droeg zij haar taken over op Phylis Lei Furumoto, haar kleindochter. Phylis, de huidige Grand Master van Reiki, stichtte samen met de twintig Masters die door Takata waren ingewijd, de Reiki Alliance, een wereldwijde organisatie en organiseert regelmatig zeer inspirerende bijeenkomsten met Reiki Masters.

De verschillende graden

Het Usui-systeem van natuurlijk genezen kent drie verschillende graden. De graad geeft de mate aan waarin je bent ingewijd in deze geneeswijze.

De eerste graad

De blokkades die je tot dan toe verhinderden onbegrensd universele levensenergie te ontvangen en door te geven, worden door vier 'inwijdingen' losgemaakt, zodat je dat dan wel kunt. Je leert energie doorgeven door je handen te leggen op planten, dieren, mensen en vooral ook op jezelf. De handposities daarvoor worden aangeleerd en er wordt tijdens deze cursus veel aandacht besteed aan hoe we onszelf in het dagelijks leven blokkeren en hoe we dat kunnen voorkomen. Vrijwel vanaf het begin van de cursus oefenen we veel op elkaar, zodat we na elke nieuwe inwijding onze energie ook sterker kunnen voelen stromen. De eerste graad is een 'compleet pakket'; iedereen kan er mee aan de slag, hoe vaker je ermee werkt, hoe sterker de levensenergie door je heen kan stromen voor je eigen heling en die van anderen.

Het geven van een behandeling met de eerste graad

Belangrijk bij het geven van een Reiki-behandeling is de houding van de behandelaar. Vraag je af of je wel lekker zit. Wanneer je zelf ontspannen zit, met je voeten goed op de grond, geef je ook meer energie door. Maar ook je geesteshouding is van belang. Probeer je te veel je best te doen, jezelf waar te maken, dan ben je ook te gespannen om een open kanaal voor universele levensenergie te zijn. Wees 'geaard.' Wanneer de behandelde er behoefte aan heeft om te praten over wat er aan de hand is met hem of haar, geef daar dan alle ruimte voor. Ga echter niet over van alles en nog wat zitten praten; dat leidt de aandacht af van de behandeling, waardoor je energiedoorgifte afneemt. Wees ontspannen van lichaam en geest, leg je handen op de verschillende posities, en laat de energie maar stromen zonder erbij na te denken. Probeer ook eventuele 'plaatjes' over wat er nu met die ander moet gebeuren, los te laten. Dat soort voorwaarden zitten een vrije doorstroming van levensenergie alleen maar in de weg. Reiki is onvoorwaardelijk; het doet wat op dat moment voor de ontvanger het meest belangrijk is. Vraag of de ontvanger van een behandeling contactlenzen draagt. Omdat mensen tijdens de behandeling nogal eens in slaap vallen, is het beter de lenzen uit te doen. Zorg voor schone handen en een frisse adem.

De handposities

We behandelen iemand door onze handen met de vingers losjes tegen elkaar in verschillende posities op hem/haar neer te leggen. In het begin, wanneer we nog niet zo gevoelig zijn in onze handen, houden we elke positie ongeveer vijf minuten vol. Later worden we gevoeliger en weten we vanzelf of we al naar een volgende positie kunnen of nog even moeten wachten.

Tijdens een normale behandeling slaan we de borsten en de 'schaamstreek' over. Niet omdat Reiki daar kwaad zou kunnen, maar omdat voor veel mensen op de aanraking van die gebieden een taboe rust. Behandelden kunnen daar behoorlijk gestresst van raken; het vermijden van deze gebieden helpt misverstanden omtrent je bedoelingen te voorkomen. Wanneer de behandelde juist problemen heeft in dat gebied, ligt de zaak natuurlijk anders.

1. Handen over de ogen, vingertoppen rusten op de botrand onder de ogen, let erop niet tegen de zijkant van de neus of op de ogen te drukken. Sommige mensen vinden het plezierig om in deze positie een tissue over het voorhoofd en de ogen te leggen. Wanneer je contact met make-up wilt vermijden of vochtige handen hebt, is dat zeker zinvol.

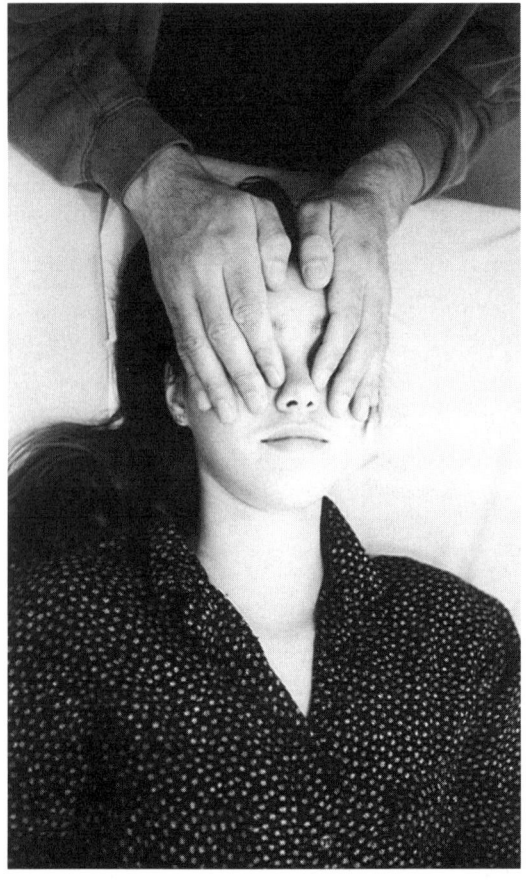

2. Zijkant van het hoofd. De top van de middelvinger rust op het gaatje van het oor.

3. Het achterhoofd. Kantel het hoofd rustig in een kommetje dat je van je handen maakt.

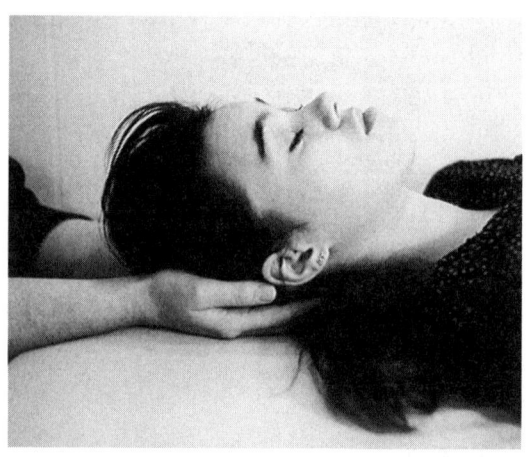

4. De kaken en een deel van de keel. De toppen van je middelvingers raken elkaar op het puntje van de kin.

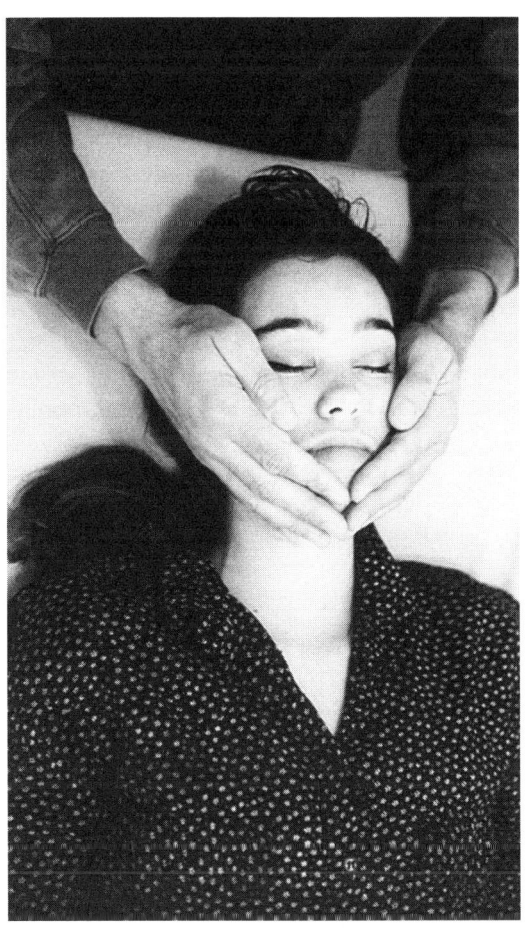

5. *Handen op het borstbeen. Dit is de plek waar vaak te lang opgekropte emoties in ons lichaam zijn opgeslagen. Kijk maar eens bij jezelf, wanneer er iets gebeurt dat je raakt. Vaak houd je dan je adem in in het bovenste deel van je borst. Dat doe je dan omdat je de emotie die door het gebeurde bij je wordt opgeroepen, niet wilt voelen. Je adem daar inhouden, (of bijvoorbeeld onmiddellijk een sigaret opsteken) zijn manieren om het voelen van die emotie te vermijden. Reiki geven op dit deel van het lichaam helpt om de opgekropte emoties te laten gaan. Wanneer de behandelde emotioneel wordt tijdens de behandeling, laat hem dan merken dat het goed is om die emoties maar gewoon te uiten. Probeer dus niet onmiddellijk te troosten of een oplossing aan te dragen; daarmee zou je de kans van de ander om zich te bevrijden van oude emoties beperken.*

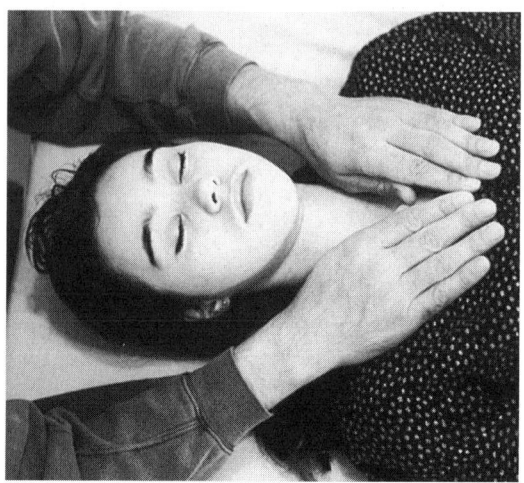

6. *Ga nu aan de zijkant van de behandeltafel zitten; leg je handen net onder de voorlaatste positie,*

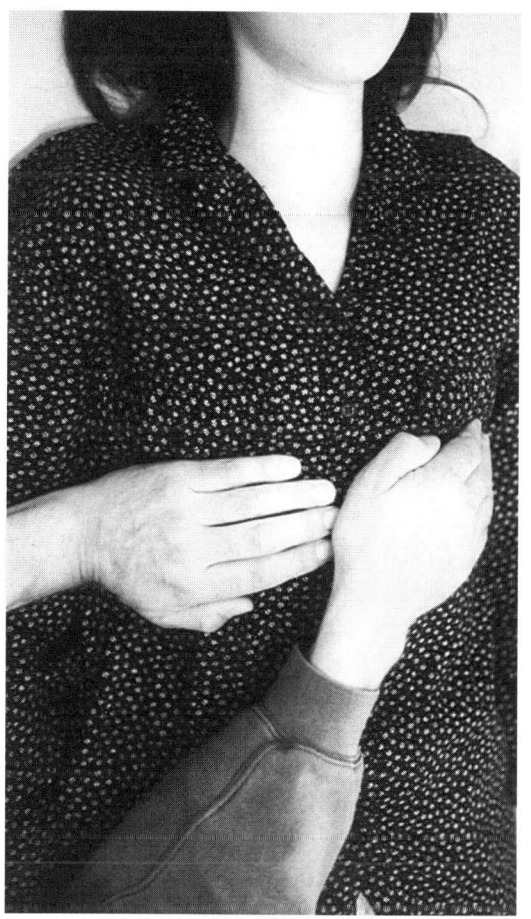

en schuif telkens na 5 minuten een handbreedte verder naar beneden tot aan de liezen.

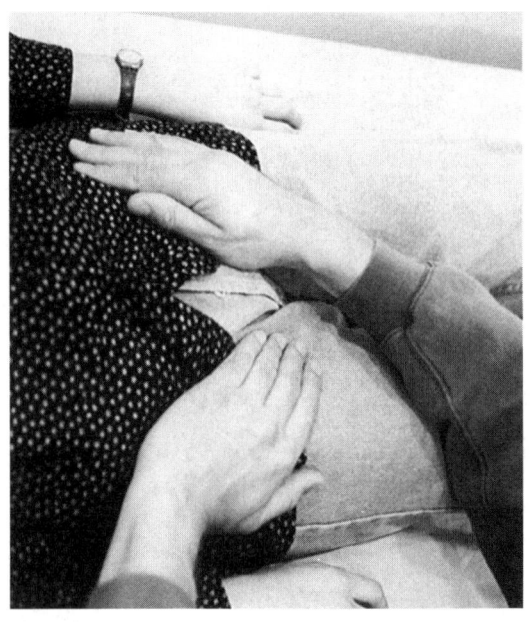

Behandel daarna nog de knieën

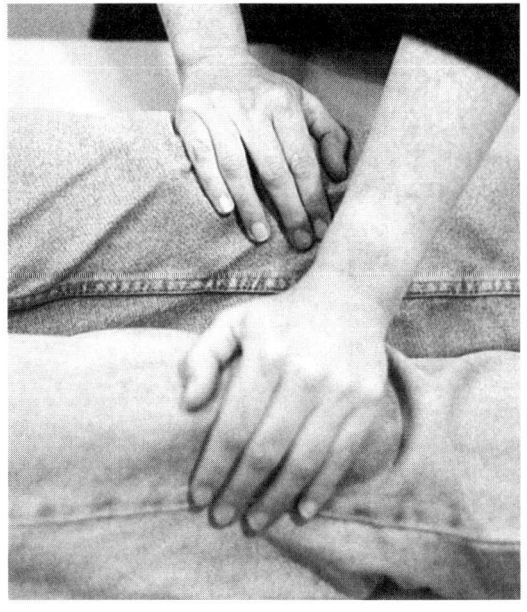

en de enkels.

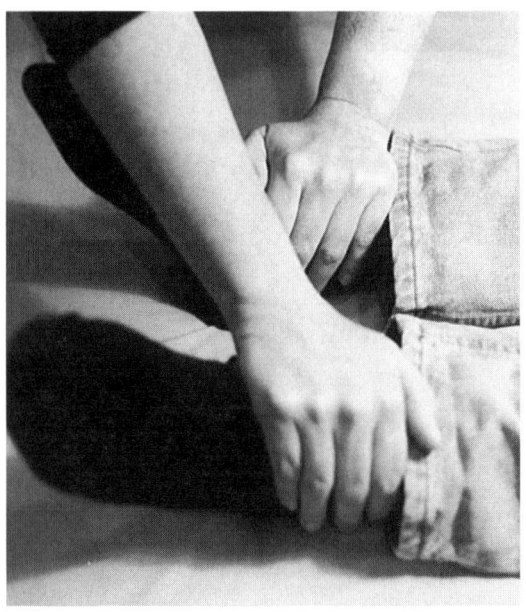

7. Ook op de rug werken we van boven naar beneden, van de schouders

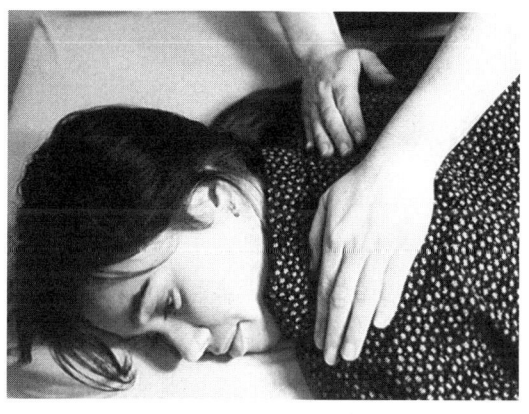

tot aan het stuitje schuiven we de handen steeds een handbreedte verder door.

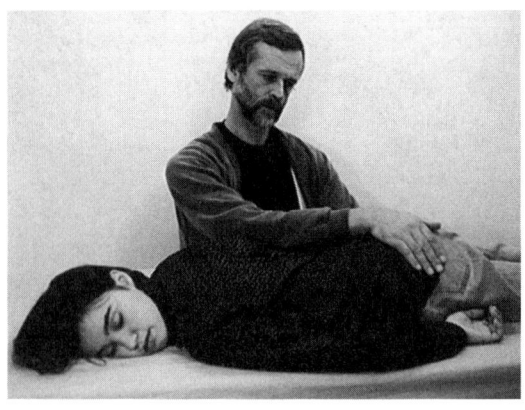

Met name de positie waarbij de handen net onder de schouderbladen liggen, is bijzonder effectief wanneer men onrustig is, moeite heeft met slapen of last heeft van reumatische aandoeningen. Reiki geven met de handen in deze positie helpt bij het onschadelijk maken van te grote hoeveelheden adrenaline in het lichaam. Adrenaline is een stresshormoon, het wordt aangemaakt om beter te kunnen vechten of vluchten. In onze maatschappij wordt (lijfelijk) vechten echter niet erg op prijs gesteld en – zoals het oude lied gaat – 'vluchten kan niet meer'. De adrenaline kan dus niet op een natuurlijke manier worden verbruikt.

8. De afsluitende positie. Een hand op de kruin, de andere op het stuitje.

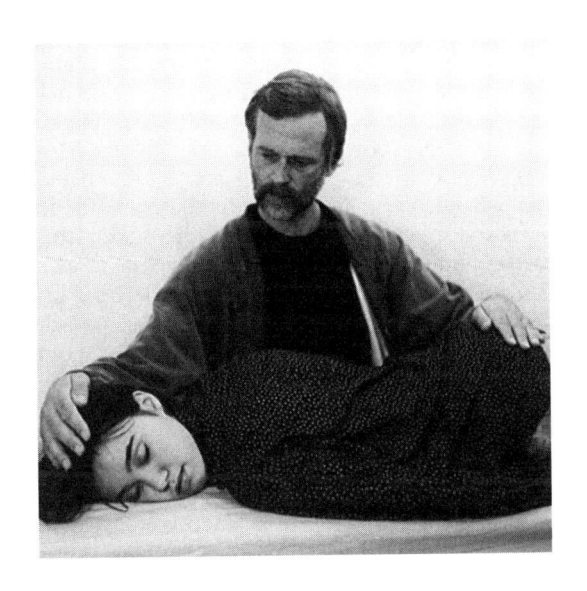

De genoemde posities zijn de basisposities. Wanneer je iemand op deze manier een behandeling hebt gegeven, heb je alle organen, klieren en het zenuwstelsel voorzien van nieuwe levensenergie. Dat is ook de reden dat het niet nodig is kennis te bezitten van de juiste plaats van organen, meridianen, chakra's, drukpunten en dergelijke. Wanneer degene die je behandelt problemen heeft op plaatsen waar je nog niet bent geweest, behandel je die plekken natuurlijk ook.

Er kunnen redenen zijn om van de hier genoemde volgorde af te wijken. Wanneer iemand bijvoorbeeld een ernstige hoofdpijn heeft, kan het in sommige gevallen beter zijn om eerst de nek te behandelen, zodat de daar aanwezige spanning eerst oplost.

'Afstrijken'

Hoewel 'afstrijken' niet tot de traditionele Reiki-behandeling gerekend kan worden, kan het een goede uitbreiding zijn. Na de laatste positie vegen we vier maal met onze vingertoppen over de rug van de behandelde van het hoofd tot de voeten. Stel je daarbij voor dat je een laagje vuil van hem wegveegt, die je na elke streek achter zijn voeten van je handen afschudt op de grond. Hierna doe je net alsof je van de voeten tot aan het hoofd heel rustig een warm dekentje teruglegt over de behandelde. Het afstrijken doe je omdat er bij de behandelde tijdens de behandeling wat 'energetisch vuil' naar buiten gekomen kan zijn dat nu nog om hem heen hangt. Door het afstrijken verwijder je dat. Bij dat afstrijken veeg je vaak ook het 'beschermende laagje' weg, daarom leg je na dat afstrijken dat 'dekentje' weer terug. Met een eenvoudige spiertest is aan te tonen dat dat terugleggen van dat 'dekentje' een belangrijk effect heeft op de lichaamsenergie; vergeet het dus niet.

Wanneer iemand een volledige behandeling heeft ontvangen, heeft hij zo ongeveer een uur op tafel gelegen en is vaak nogal rozig. Wrijf als besluit van de behandeling dan ook altijd even zachtjes over de bovenrug, om hem weer 'bij de tijd' te brengen. Laat hem rustig overeind komen.

Een zittende behandeling

Soms ontbreekt de mogelijkheid of de tijd om iemand liggend te behandelen. In dat geval kan een zittende behandeling uitkomst bieden.

1. Een hand op de kruin, de andere op het achterhoofd.

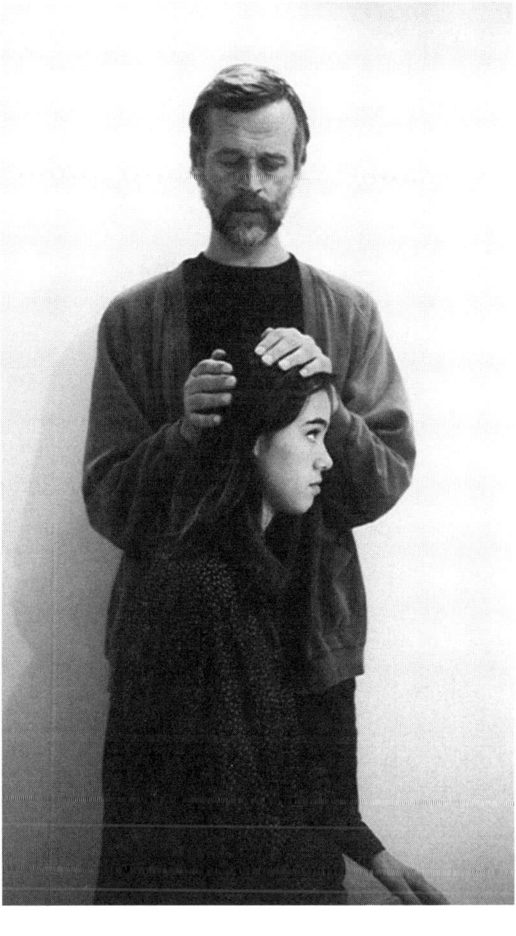

2. De hand die op de kruin lag, verplaats je naar het voorhoofd, de hand op het achterhoofd blijft liggen.

3. Een hand op de keel, (niet drukken!) de andere hand op de nek.

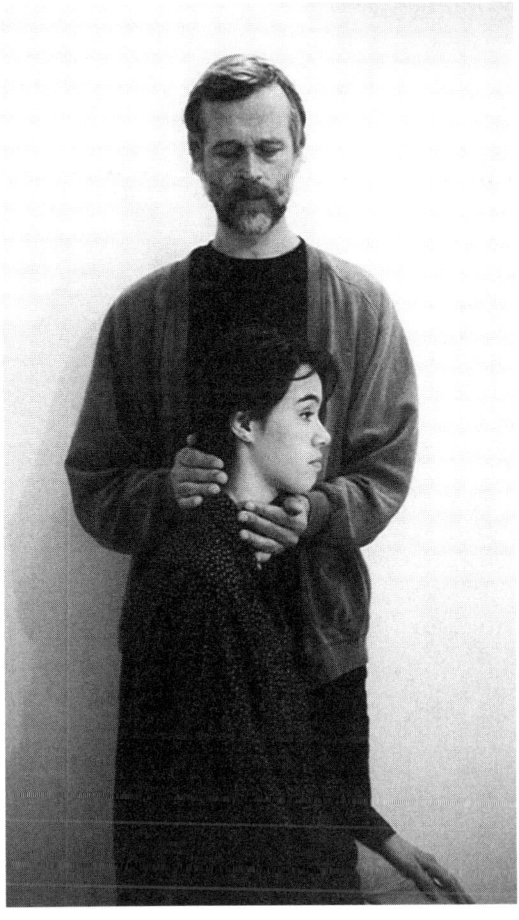

4. Een hand op het borstbeen, de andere ertegenover op de wervelkolom.

5. Een hand onder de borsten, de andere ertegenover op de wervelkolom.

6. Zo zakken we telkens een handbreedte naar beneden,

tot de laatste positie waarbij de handen net boven het schaambeen en op het stuitje rusten.

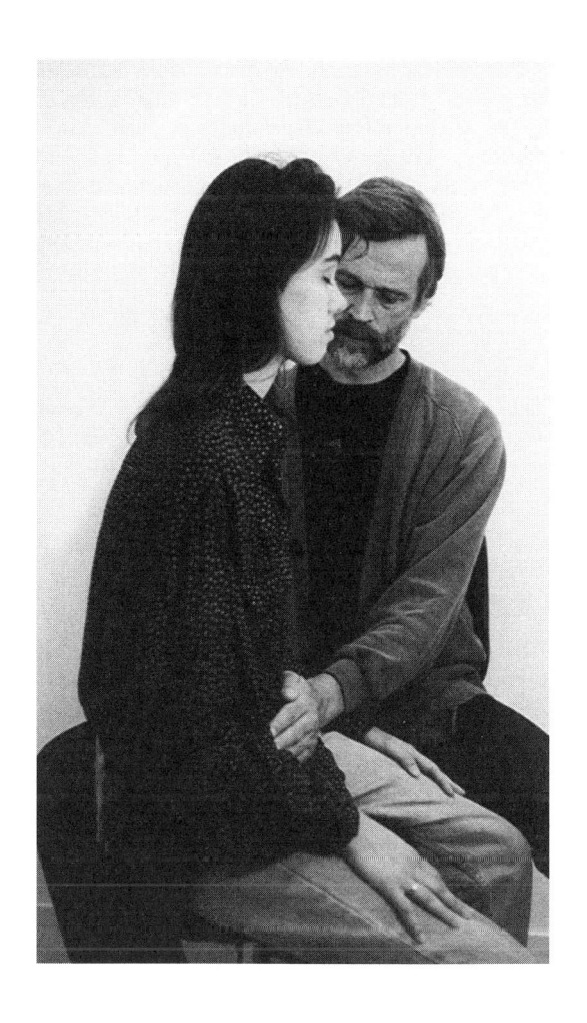

Jezelf behandelen

Een van de prachtige kanten van Reiki is dat je het ook uitstekend voor jezelf kunt gebruiken. In principe kun je bij jezelf overal waar je maar wilt je handen neerleggen en Reiki laten stromen. Daar hoef je niet speciaal voor te gaan zitten of liggen; elk moment, elke manier is goed. Jezelf Reiki geven is een van de beste manieren om voor jezelf te zorgen; het stimuleert je gezondheid en je ontwikkeling. Koester het vermogen dat door de inwijdingen in je is ontwaakt. Als je dat wilt kun je er ook een aantal vaste posities voor gebruiken.

1. De strandhouding: Leg je handen in elkaar tot een kommetje en leg dat in je nek.

2. Handen boven elkaar op je schedel.

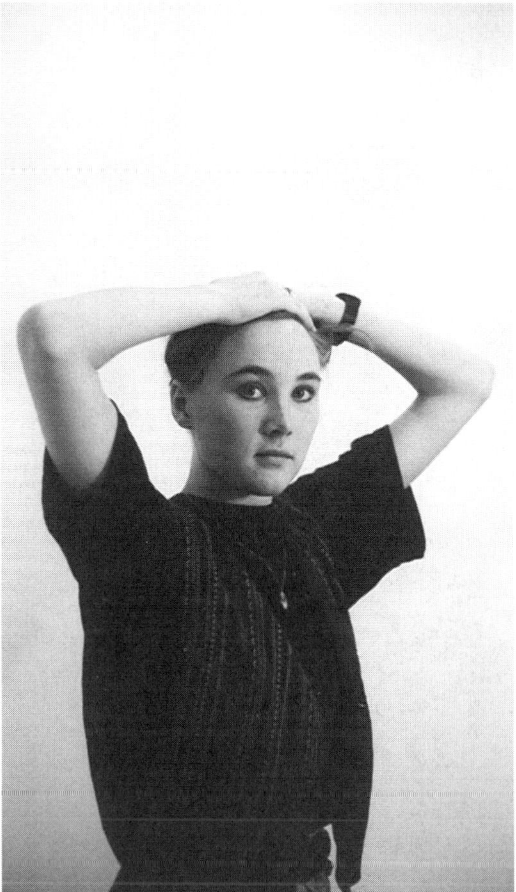

3. Handen over je ogen.

4. Handen over je keel.

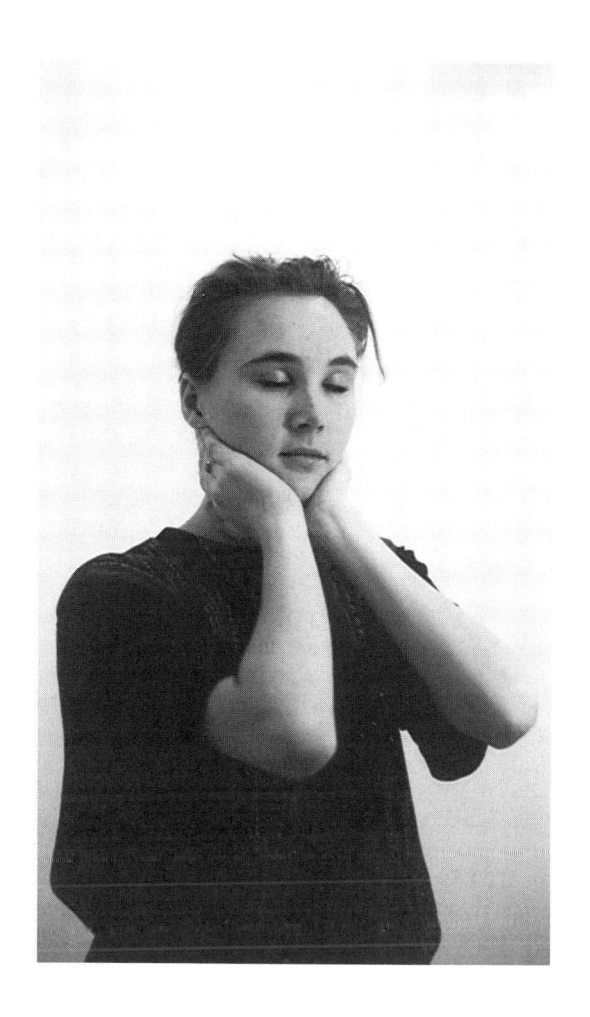

5. Handen op je borstbeen, en 6. Steeds een handbreedte opschuiven tot op je liezen. Als je 's nachts in bed vaak last hebt van koude voeten, is deze positie een uitkomst. Even je handen op je liezen leggen, Reiki laten stromen en voor je het weet zijn je voeten weer warm.

De eerste jaren dat ik met Reiki werkte, vergat ik doorlopend dat ik het ook voor simpele dingen kon gebruiken. Een snee in mijn vinger, een verrekte spier, een brandwondje en dergelijke. Pas door de ervaringen van onze cursisten die dat wel deden en enthousiaste verhalen vertelden over hoeveel sneller dat soort kleine ongemakken weer genas, hoeveel minder last men had van ontstekingen of het ontstaan van littekenweefsel, ben ik Reiki daar ook voor gaan gebruiken. Gun jezelf het gemak dat je altijd genezing bij de hand hebt ook, zie het niet – net als ik – over het hoofd omdat het te voor de hand liggend is.

Het komt weleens voor dat mensen meer energie voelen stromen wanneer ze een ander behandelen dan wanneer ze zichzelf behandelen. Vaak heeft het ermee te maken dat je iemand anders wel de moeite waard vindt om die energie te ontvangen, maar jezelf niet. Wanneer dat het geval is, raden we je de in een van de volgende hoofdstukjes beschreven spiegeloefening van harte aan.

Het aantal behandelingen

Je kunt iemand (jezelf ook) zo vaak behandelen als je wilt. Bij zeer ernstige ziekten is het zelfs aan te bevelen om dat dagelijks te doen wanneer de behandelde dat aankan. (Zie het stukje over bijwerkingen.) Normaal gesproken behandelen wij iemand de eerste week drie of vier maal, zodat het effect van de behandelingen duidelijk ervaren wordt, de tweede week twee of drie maal en daarna een of twee maal per week. Over het totale aantal behandelingen valt weinig te zeggen. Je kunt doorgaan met behandelen zolang er resultaten merkbaar zijn.

Het is overigens mogelijk dat je ooit gevraagd wordt om iemand te behandelen waartegen je een grote weerstand voelt. Realiseer je dan dat Reiki-behandelingen geven geen verplichting is. Respecteer je eigen grenzen. Reiki mag; het moet niet. Je kunt zo iemand dan gerust doorverwijzen, bijvoorbeeld naar een medecursist. Kijk echter wel eerlijk bij jezelf naar datgene wat bij jou die weerstand oproept.

De tweede graad

De Japanse term voor de tweede graad is Oku Den. Letterlijk betekent dat: de binnenste tempel. Met deze titel wordt symbolisch aangeduid dat de inwijding je naar de kern van je ware Zelf brengt. Om ons daar wat bij voor te stellen, tekenen we een gelijkzijdige driehoek die de totale psyche voorstelt. Een horizontale lijn geeft de scheiding aan tussen bewustzijn en onderbewustzijn. De stip in het midden van de driehoek geeft onze kern aan, de bron van onze levensenergie. De cirkel in het bovenste deel van de driehoek stelt ons ego voor, dat deel van ons bewustzijn waarvan wij vaak ten onrechte denken dat het ons middelpunt is. Met behulp van de tekening kun je echter zien dat je ego juist dat deel van je psyche is dat het meest is afgescheiden van je middelpunt.

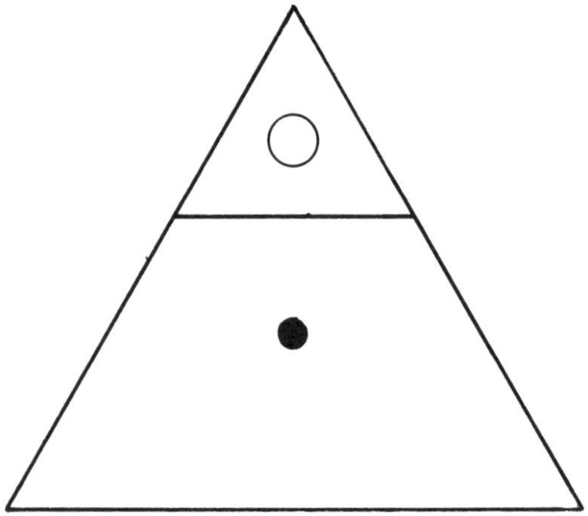

Tot de belangrijkste momenten voor onze groei, kunnen die ogenblikken behoren waarop de scheidslijnen, de muurtjes tussen ons onderbewuste en ons bewuste, tussen ons ego en ons bewustzijn, doorbroken worden. Naarmate die scheidslijnen meer vervagen, komen we steeds dichter bij onze bron, onze kracht, de binnenste tempel. Dat is een proces van integratie, van heel worden. Naarmate we meer gebruik maken van de mogelijkheden die de tweede graad ons biedt, wordt dat proces van integratie versterkt.

Door inwijding in de tweede graad neemt je kracht enorm toe. Tijdens de cursus voor de tweede graad leer je werken met een drietal symbolen (=sleutels), die je kunt gebruiken om behandelingen op afstand te geven, om helende energie te sturen naar moeilijke situaties in heden, verleden en toekomst en vooral om de heelwording van je eigen geest en die van anderen te steunen. Ook de kracht van je gedachten neemt sterk toe en daarmee de verantwoordelijkheid voor jezelf. Die toename van je gedachtenkracht brengt overigens ook met zich mee dat het verstandig is om eens kritisch naar je 'dagdromen' te kijken. Zou je werkelijk willen dat ze uitkwamen? (Dat is namelijk wat er kan gebeuren; sommige situaties zijn misschien best leuk om vrijblijvend over te fantaseren, maar wanneer ze werkelijkheid worden is het toch minder prettig.)

Tijdens de cursus voor de tweede graad leer je om Reiki te sturen naar mensen die niet lijfelijk aanwezig zijn. Daarbij maakt het geen enkel verschil of deze mensen een straat verderop wonen of aan de andere kant van de wereld.

Daarnaast oefenen we met het sturen van energie naar situaties uit het verleden. Voor iemand die nog geen ervaring heeft met wat je allemaal kunt met je eerste graad lijkt dit misschien wat wonderlijk, maar je kunt werkelijk energie sturen naar bijvoorbeeld pijnlijke gebeurtenissen uit je eigen verleden. Die gebeurtenis zelf verandert daardoor natuurlijk niet, maar wel het negatieve effect dat die gebeurtenis op je leven van vandaag heeft.

Ook leer je om energie te sturen naar toekomstige situaties, bijvoorbeeld een moeilijk gesprek dat je binnenkort moet gaan voeren. Vooral de tweede graad van Reiki biedt vrijwel onbeperkte mogelijkheden om voor jezelf te werken. Een belangrijk deel van de cursus zoals die vanuit het Reiki-Centrum wordt gegeven, wordt er met je geoefend met die manieren die specifiek voor jouw groeiproces van belang zijn, terwijl ondertussen telkens wordt nagegaan welke invloed die manier van werken op je heeft. Vanwege het individuele karakter is het dan ook mogelijk om daarvoor een privé-afspraak te maken.

Nog wat voorbeelden van werken voor jezelf

— Bedenk met welke ouder je misschien nog een onverwerkt probleem hebt. Stuur deze ouder een afstandsbehandeling.
— Bedenk of er een persoon is op wie je kwaad bent, aan wie je niet kunt denken zonder je op te winden of verdrietig te worden. Stuur deze persoon een afstandsbehandeling.
— Kijk bij jezelf naar binnen om er achter te komen waar je bang voor bent. De dood? Grote open ruimtes of iets anders? Zoek uit waar je bang voor bent, stel jezelf voor in die beangstigende situatie en stuur jezelf in die situatie een afstandsbehandeling.
— Kortom, alle personen of situaties waarvan je het gevoel hebt dat ze je leven verpesten of hebben verpest, stuur er Reiki naartoe en constateer dat je hierdoor de negatieve binding ermee loslaat. Niet alleen gezond voor die ander, maar vooral gezond voor jezelf. Een van de manieren om de stap te maken naar waarlijke spiritualiteit is de volle verantwoordelijkheid nemen voor jezelf.
— En natuurlijk is het sturen van Reiki naar diege-

nen die je liefhebt ook een fantastische belevenis.

Het is volstrekt onmogelijk om in een boekje of zelfs tijdens een cursus van twee dagdelen volledig te zijn over wat je allemaal met de tweede graad kunt doen. Hoe meer je ermee werkt, des te meer mogelijkheden je ontdekt. Ook wijzelf worden nog steeds verrast door de reikwijdte van de mogelijkheden die de tweede graad ons te bieden heeft.

De grootte van de energie-uitwisseling voor de tweede graad weerspiegelt het gewicht ervan. De hoeveelheid geld die je betaalt voor je inwijding is vier maal zo groot als voor de eerste graad. Veel energie dus die je via je inwijdende Master aan de kosmos geeft, de hoeveelheid energie die de kosmos aan jou teruggeeft via je inwijdende Master is even groot en zoveel energie vraagt het nu eenmaal om werkelijk ingewijd te worden in de tweede graad. Het is een hele investering in jezelf, je doet dat niet zomaar even. Het vraagt van je dat je jezelf de moeite waard vindt om zoveel voor jezelf uit te geven. Voor diegenen die niet kunnen beschikken over een dergelijke hoeveelheid geld, is het bij een aantal Reiki Masters mogelijk om geheel of gedeeltelijk met een andere vorm van energie te betalen. Voor de een kan dat bijvoorbeeld zijn het beschikbaar stellen van zijn of haar huis voor Reiki-klassen. Gelukkig kiezen mensen daar regelmatig voor, zodat we door het hele land heen cursussen kunnen geven. Voor een ander door het leveren van een andere, gelijkwaardige bijdrage.

Voorwaarde om deel te kunnen nemen aan een cursus voor de tweede graad is dat je minimaal negentig dagen hebt gewerkt met hetgeen je tijdens de eerste-graadscursus hebt geleerd. De ontwikkeling die door inwijding in de eerste graad op gang is gebracht, heeft die tijd nodig om een nieuw evenwicht in je te laten ontstaan. Als je met de ontwikkeling van een diepere laag van je persoonlijkheid aan de slag gaat door inwijding in de tweede graad, is het goed om dat vanuit dat nieuwe evenwicht te doen.

De derde graad

De derde graad die Reiki kent, is de Master-graad, de graad van Reiki-leraar. Het is de inwijding in die graad, die iemand in staat stelt om anderen in te wijden, om bij anderen de kanalen te openen waardoor zij universele levensenergie kunnen ontvangen en doorgeven. Kun je de inwijding voor de tweede graad ontvangen, nadat je met de eerste graad minimaal drie maanden gewerkt hebt, de weg die naar de derde graad leidt is enigszins anders en sterk afhankelijk van de persoon die ervoor kiest om Master te worden. Samen met de Reiki Master die je hebt uitgekozen om je te begeleiden naar het Master-schap, wordt bekeken welke positieve kwaliteiten verder ontwikkeld kunnen worden en op welke punten je jezelf misschien dwars zit, hoe je belemmerende patronen kunt loslaten en welke ervaring en kennis je al in huis hebt. Samen stippel je dan een weg uit om naar het Master-schap toe te groeien. Belangrijk daarbij is bijvoorbeeld het bijwonen van een aantal Reiki-cursussen, waarvan je in de loop der tijd een steeds groter deel voor eigen rekening kunt nemen, en het veelvuldig gebruiken van hetgeen je met de tweede graad tot je beschikking hebt gekregen. Deze periode van groei duurt minimaal een jaar, te rekenen vanaf het moment dat je de inwijding voor de tweede graad hebt ontvangen. Inwijding tot Reiki Master betekent overigens niet dat je vanaf dat moment ook 'klaar', 'verlicht' of 'volmaakt' bent. Het is wel een keuze voor volledige verantwoordelijkheid, voor de bereidheid om je eigen belemmerende patronen te zien en los te laten, jezelf volledig open te stellen voor onvoorwaardelijke liefde en te blijven leren van jezelf, van je cursisten en van alles wat je overkomt.

De Reiki-leefregels

De Reiki-leefregels zijn opgesteld door dr. Usui toen hij ontdekte dat niemand in staat is een ander te genezen als die ander er niet zelf voor kiest zijn eigen leven ter hand te nemen en daarvoor de volle verantwoordelijkheid te dragen. Het zijn regels die je kunnen helpen om op een gezondere, meer plezierige manier te leven.

Maak je – slechts vandaag – niet kwaad.
Maak je – slechts vandaag – geen zorgen.
Eerbiedig je ouders, je leraren en de ouderen.
Verdien je brood op een eerlijke manier.
Toon dankbaarheid aan alles wat leeft.

Vrijwel alles wat geschreven is valt op verschillende manieren te interpreteren. Wij geven hierbij onze eigen interpretatie van deze Reiki-beginselen. 'Slechts vandaag' is een behoorlijk belangrijk tussenvoegsel. Neem je je voor om de rest van je leven iets te doen of te laten, dan neem je daarmee een forse last op je nek. Slechts voor vandaag is het nog te overzien en vol te houden. En dat het morgen weer vandaag is, doet er dan niet zoveel toe.

Je vandaag niet kwaad maken: daar hoort een heel verhaal bij. Agressie is een heel belangrijke emotie, een emotie die ook bijzonder noodzakelijk is en produktief kan zijn wanneer je leert er op een goede manier mee om te gaan. Wanneer je je boosheid oppot, kan het van binnen aardig gaan zieken. 'Maak je vandaag niet kwaad' kan als uitnodiging gezien worden om te kijken naar wat nu precies je kwaadheid veroorzaakt. Doet iemand iets wat je innerlijke kind ook wel zou willen, maar wat het niet mag van je innerlijke ouder? Doet iemand iets dat wel erg veel lijkt op iets wat je vroeger ook al is aangedaan en waar je toen je boosheid niet over hebt kunnen uiten? Kun je misschien kijken naar de mogelijkheid dat je die ander op de een of andere manier hebt uitgenodigd om datgene te doen waar je nu kwaad over kunt zijn?

Maak je – slechts vandaag – geen zorgen. Als je je zorgen maakt, blokkeer je je levensenergie. Je kunt ervoor kiezen om met je aandacht te zijn bij wat mis kan gaan, bij wat je ontbreekt, bij wat er mis is in je leven; je kunt er ook voor kiezen om met je aandacht te zijn bij wat er wél is, bij de rijkdom van je leven vandaag. Een simpel voorbeeld: Als je je nu zorgen maakt over wat je straks nog allemaal moet doen, zul je nu niet echt produktief zijn. Soms is het al voldoende om gewoon even een lijstje te maken van die dingen die nog moeten gebeuren, zodat je het even uit je hoofd kunt zetten.

Eerbiedig je ouders, je leraren en de ouderen. Het komt voor dat mensen met deze regel enorme moeite hebben. Wanneer je geen liefdevolle ouders of wijze leraren hebt gehad, is dat ook wel te begrijpen. Wanneer we er echter van uitgaan dat wij deze ouders zelf hebben uitgezocht omdat we zo nodig iets wilden leren, bijvoorbeeld hoe het niet moet, (Heb je dat geleerd, of ben je misschien de fouten van je ouders aan het herhalen?) wanneer we de emoties die ons verhinderen te respecteren en lief te hebben onder ogen durven zien, ze volledig toelaten en zo mogelijk uiten – bijvoorbeeld met behulp van de genoemde schrijfoefening – zijn die uit de weg geruimd en wordt het wel mogelijk.

Verdien je brood op een eerlijke manier. Voor dr. Usui, die zijn werk als genezer begon bij bedelaars en zakkenrollers, een heel belangrijke regel. Niet alleen vanwege datgene wat je anderen aandoet wanneer je niet op een eerlijke manier je brood verdient, maar zeker ook vanwege wat je jezelf daarmee aandoet. Want terwijl je misschien op een bewust niveau vindt dat wat je doet moet kunnen, kan er op onbewust niveau een stevig schuldgevoel zitten dat je leven ernstig verziekt. Schuldgevoel is een van de meest blokkerende emoties. De uitnodiging om je brood eerlijk te verdienen is niet alleen een oproep om voortaan maar geen banken meer te beroven of je belastingformulier nu maar eens eerlijk in te vullen. Het is ook een advies om eens te kijken of dat wat je nu doet voor je brood, ook datgene is waar je hart zit.

Toon dankbaarheid aan alles wat leeft. Je kunt dit beginsel zien als een oproep tot respect en waardering voor alles wat leeft: planten, dieren, mensen, de hele natuur. Alles heeft zijn plaats en zijn functie, ook al zien we die niet altijd, ook al zijn we er niet blij mee. Vaak zijn we wat te snel met onze pogingen de natuur of de ander te veranderen en aan te passen aan onze verlangens of projecties. Meestal doen we dat helaas vanuit een nogal beperkt gezichtsveld, zodat uiteindelijk geen winst, maar verlies geboekt wordt.

Houd het simpel

Reiki is de meest eenvoudige geneeswijze die wij kennen. Iedereen die tijdens de cursus de inwijdingen heeft ontvangen, kan er onmiddellijk mee aan de slag, zowel voor zichzelf, als voor anderen. Je hoeft er geen spullen voor aan te schaffen of specifieke kennis te verwerven. Je legt je handen neer, je laat de universele levensenergie stromen, en het werkt, altijd en overal. Voor sommige mensen is dat wat te simpel. Door onzekerheid (Geef ik de ander wel genoeg?) of vanuit de gedachte: hoe ingewikkelder iets is, des te beter het vast wel zal werken, wordt de eenvoudige Reiki-behandeling dan uitgebreid met het opleggen van halfedelstenen. Of het wordt op specifieke drukpunten, chakra's of meridianen toegepast, er worden aluminium plaatjes bij gebruikt, wierook gebrand, vooraf gemediteerd etcetera. Op zich kan dat helemaal geen kwaad; Reiki laat zich uitstekend combineren met andere al dan niet alternatieve geneeswijzen. Zorg er echter voor dat je niet afhankelijk wordt van dergelijke hulpmiddelen. Het zou jammer zijn als je zo onzeker wordt zonder die 'extra's' dat je niet meer aan een behandeling durft te beginnen als je je 'spullen' niet bij je hebt. Daarnaast schep je verwarring wanneer je een dergelijk combinatiepakket nog steeds Reiki blijft noemen. Mijn eigen manier van werken is de afgelopen jaren juist veel eenvoudiger geworden. Hoe meer ik met Reiki werkte, des te meer ik leerde vertrouwen op de verrassende werking ervan en hoe minder ik de behoefte voelde om nog terug te grijpen op oude vertrouwde methodes of aanvullende middelen.

Als mensen niet genezen

Het geven van Reiki-behandelingen is geen garantie dat de behandelde in alle gevallen ook geneest. Het kan zijn dat er een ziekte is waar je nu eenmaal mee moet leren leven. Reiki kan daarbij steun geven. Let op je eigen reacties wanneer je iemand behandelt die niet geneest. Heb je bijvoorbeeld last van ongeduld of van de ambitie om jezelf te bewijzen? Vaak is er echter, wanneer iemand na meerdere behandelingen niet vooruit gaat, iets anders aan de hand. Er zijn namelijk mensen die – vaak onbewust en vanuit de onmacht om datgene wat ze nodig hebben op een andere manier te realiseren – zoveel profijt hebben van hun ziekte dat ze hem voor geen goud zouden willen missen. Kijk maar eens naar de aandacht die je krijgt wanneer je ziek bent, of naar de verantwoordelijkheid die van je afvalt zodra je ziek bent. Er zijn ook mensen die hun ziek zijn gebruiken als machtsmiddel om hun omgeving te dwingen dingen te doen of te laten. 'Ik ben ziek, dus jij moet...' Die mensen die de 'ziektewinst' niet kwijt willen, zullen zich best graag een aantal keren door je laten behandelen, maar zodra die behandelingen werkelijk effect dreigen te hebben, komen ze ineens niet meer. Genezen is veranderen. En veranderen is soms best eng. Voor sommigen zo eng dat ze toch maar liever ziek blijven. Een ander soort 'lastige' en dus leerzame klant is diegene die je tijdens de eerste sessie al uitgebreid vertelt bij hoeveel artsen, specialisten, psychiaters, dominees, gebedsgenezers en alternatieve therapeuten hij is geweest, en dat ze allen hebben gefaald om hem beter te maken. Daarna nodigt hij je uit om te bewijzen dat jij het wel kunt. Wanneer je vanuit je behoefte aan zelfbevestiging die uitdaging zou aangaan, wacht je bij voorbaat een teleurstelling omdat mislukking gegarandeerd is. Deze patiënt is namelijk óók bezig om zichzelf te bevestigen. Hij is bezig met een wedstrijd die hij gewonnen heeft als bewezen is dat ook jij niet in staat bent om hem te genezen. Daarna gaat hij welgemoed op zoek naar een nieuwe 'tegenstander'. Dit 'spel' dat in feite een onhandige manier is om jezelf te bewijzen ('Zie je wel dat ik en mijn ziekte al die slimmerikken de baas zijn!'), kan alleen maar voortbestaan dank zij behandelaars die – door hun eigen behoefte om zichzelf te bewijzen – in die val trappen. Een enkele keer lukt het echter wel om die wedstrijd een andere inhoud te geven door te stellen dat deze persoon inderdaad niet meer te helpen is. Dat je hooguit een aantal behandelingen kunt geven om het lijden wat te verlichten. De kans bestaat dat de 'speler' dan gaat proberen te bewijzen dat je ongelijk hebt door juist wel op te knappen.

We zijn ervan overtuigd dat eenieder in hoge mate verantwoordelijk is voor zijn eigen geluk en zijn eigen gezondheid. Dat is echter nooit een reden om de ander een onterecht schuldgevoel aan te praten door te zeggen dat het feit dat iemand ziek is of blijft, zijn eigen schuld is. Er zit een wereld van verschil tussen schuld en verantwoordelijkheid. Wanneer je de verantwoordelijkheid neemt voor je situatie, eigen je je daarmee de macht toe om te handelen, te veranderen. Neem je de schuld op je, dan maak je jezelf juist machteloos. Schuld is gericht op een onveranderbaar verleden, verantwoordelijkheid is gericht op een veranderbaar nu.

Een paar praktische zaken

Wanneer je na de cursus aan de slag wilt met Reiki, is het niet nodig om onmiddellijk naar de winkel te stappen voor de aanschaf van een behandeltafel. Veel mensen werken in het begin met hun gezinsleden en kennissen gewoon op een kampeermatrasje op de keukentafel of ze leggen een oude deur op een paar goedkope schraagjes met daarop een gewone matras en een hoeslaken. Dat ligt overigens nog lekkerder dan op de meeste behandeltafels die smaller en harder zijn. Ga je ook vreemden behandelen, dan is het zinvol om een aparte ruimte in te richten. Zorg dat die ruimte licht en makkelijk schoon te houden is, vrij van inloop en inkijk, storende geluiden en luchtjes. Voldoende verwarming en een goede ventilatie zijn belangrijk. Als je het plezierig vindt om tijdens het behandelen je favoriete muziek te beluisteren, realiseer je dan dat verschillende mensen ook verschillend reageren op muziek. Wat voor jou rustgevend is, kan door een ander als storend worden ervaren. Reclame maken voor jezelf is niet nodig. Mensen die door je zijn behandeld, vertellen dat wel aan elkaar door en op die manier ontstaat er een natuurlijke groei. Ooit vonden wij op het prikbord van een supermarkt een affiche van iemand die zich gediplomeerd Reiki-therapeut noemde en stelde dat bij hem genezing van alle kwalen kon worden gegarandeerd. Proberen jezelf op die manier te verkopen is onjuist en overbodig; het werkt niet en het gaat volledig voorbij aan de eigen verantwoordelijkheid die iemand heeft voor zijn genezing. Als je je laat betalen voor behandelingen, pas dan ook daarop de Reiki-leefregels toe en geef je inkomsten op aan de belastingdienst. Dat is niet alleen eerlijk, het geeft je ook de mogelijkheid om de onkosten die je maakt bij het inrichten van je behandelruimte en voor het volgen van cursussen af te trekken. Verder is het niet onverstandig om even na te gaan of de W.A.-verzekering die je hebt, dekking biedt wanneer iemand die je laat betalen voor behandelingen, struikelt over een loszittend vloerkleedje en vervolgens een schadevergoeding claimt.

De Reiki Alliance

De Reiki Alliance is een wereldwijde organisatie van Reiki Masters, opgericht door Grandmaster Phyllis Furumoto. De Reiki Alliance kent een aantal richtlijnen volgens welke Reiki-cursussen worden gegeven en waaraan Masters moeten voldoen. Zo zijn bijvoorbeeld de periode van negentig dagen oefenen tussen de eerste en de tweede graad, de periode van minimaal een jaar door een Master begeleid worden tussen de tweede graad en de inwijding tot Master, en de regel dat Masters eerst een aantal jaren ervaring op moeten doen voordat ze anderen gaan inwijden tot Master, richtlijnen van de Reiki Alliance. De richtlijnen zijn gemaakt om het Usui-Systeem van natuurlijk genezen zuiver te houden. Ook zijn er wereldwijd afspraken over de gevraagde prijzen. Op dit moment beraden de leden van de Alliance zich op vernieuwing van de regels en de eisen die aan nieuwe leden moeten worden gesteld.

Stempel van de Reiki Alliance

Het Reiki Centrum

Reiki Masters Arie Luijerink en Marjan van Staveren, de auteurs van dit boekje hebben in 1989 het Reiki Centrum laten registreren.
Ondersteund door een veertigtal vrijwilligers die betrokken zijn bij de organisatie en een Reiki-hulpdienst ten behoeve van cursisten van het centrum verzorgen zij Reiki-cursussen voor de eerste graad door heel Nederland. Omdat de cursussen voor de tweede graad en de beroepsopleiding tot Reiki Master indiviueel worden gegeven vinden die doorgaans plaats in Leersum.
De gehanteerde prijzen voor cursussen (f 300,00 voor de eerste graad en f 1200,00 voor de tweede graad) komen overeen met de tarieven zoals die zijn vastgesteld door de beroepsorganisaties van Reiki Masters.
Het Reiki Centrum biedt belangstellenden informatie over de authentieke methode van dr. Usui van natuurlijk genezen en over de cursusplanning. Daarnaast is er voor specifieke vragen dagelijks 's ochtends van 9.30 tot 10.30 uur een telefonisch spreekuur.

Voor meer informatie:

Het Reiki Centrum,
Rijksstraatweg 120,
3956 CT LEERSUM.
Tel.: 0343 461136 of 06 51656981

Deel Twee

Ging het eerste deel van dit boekje alleen over Reiki, in dit tweede deel wordt beschreven hoe we ons in het dagelijks leven afsluiten voor levensenergie, hoe het komt dat we die neiging hebben, en hoe we kunnen leren om ons weer meer open te stellen voor het ontvangen ervan.

Onvoorwaardelijke liefde

De meesten van ons hebben al in hun vroegste jeugd geleerd dat mama/papa van ons houdt als... Iedereen kan daar de eigen aangeleerde voorwaarden invullen; als we niet schreeuwen, als we een braaf meisje/jongetje zijn, als we niet huilen, niet kwaad zijn, ons best doen enzovoort. Onze ervaring is dus dat aan liefde voorwaarden verbonden zijn; we moeten het verdienen, we moeten het waard zijn... Omdat het ontvangen van liefde zeker in onze beginjaren van levensbelang is voor ons, zijn die ervaringen zo diep ingebrand in onze hersenen dat het overtuigingen zijn geworden waar we de rest van ons leven mee blijven rondlopen; we hebben ze onszelf eigen gemaakt. Omdat we mensen zijn en dus allesbehalve volmaakt, lopen we vandaag de dag als volwassenen dan ook nog steeds rond met de (meestal onbewuste) overtuiging dat we geen liefde waard zijn omdat... We hebben niet geleerd, we hebben niet ervaren dat er ook zoiets als onvoorwaardelijke liefde is.

Onvoorwaardelijke liefde bestaat echter ook. Het is een helende energie die we met hart en ziel nodig hebben, die zowel ons lichaam als onze geest vrijwaart van ziekte en verdriet. En het is er in overvloed. Zij is er zowel voor schurken, schoften en schavuiten als voor heiligen. Zij is er voor iedereen: voor mij, voor jou. Zij is er NU! En we hoeven er niets voor te doen om haar te kunnen ontvangen. We hoeven alleen maar op te houden onszelf ervoor af te sluiten.

We sluiten ons af voor het ontvangen van onvoorwaardelijke liefde door overtuigingen. 'Ik ben niet goed genoeg; ik ben niet de moeite waard om...; als ik nu maar eerst... dan...' We sluiten ons af door schuldgevoelens en we sluiten ons af door te vinden dat we eerst nog flink moeten werken aan onszelf. Je kunt die liefde echter niet verdienen, want er zijn geen voorwaarden aan verbonden.

Mijn ervaring is dat je zo'n stukje kunt lezen of zo'n verhaal kunt aanhoren en ondertussen kunt denken: Ja, dat klopt wel, of: Goh ik zal in de toekomst eens..., maar zonder dat het je echt iets doet, zonder dat je het ervaart, zonder dat het je raakt. Daarom zijn we dolblij een eenvoudige test gevonden te hebben waarmee iedereen aan den lijve kan voelen, ervaren, wat het onmiddellijke effect op je eigen lichaam is wanneer je je – al is het maar voor even – open stelt voor onvoorwaardelijke liefde. Vanaf het moment dat we deze methode ontdekten, maakt het overdragen ervan een vast onderdeel uit van de cursussen die we vanuit het Reiki-Centrum geven.

Oefening
Ga voor een spiegel staan, kijk jezelf vriendelijk in de ogen en zeg tegen jezelf je voornaam en: 'Ik houd van je en ik stel me open voor onvoorwaardelijke liefde.'

Deze oefening werkt echt, ook wanneer je niets meent van wat je zegt. Met de spiertest die we tijdens de cursus gebruiken kan ervaren worden hoe sterk deze oefening inwerkt op je lichaamsenergie.

Test
Deze test doe je met een partner. De te testen persoon staat met de rechterarm langs het lichaam en de linkerarm naar opzij gestrekt op schouderhoogte. De tester staat tegenover de linkerarm met zijn linkerhand op je schouder en zijn rechterhand op je pols. De tester en de te testen persoon kijken elkaar niet aan, maar kijken recht voor zich uit langs elkaar heen. De tester zegt:

'Houd tegen.' en drukt even met zijn rechterhand je linkerpols naar beneden, terwijl je zelf probeert om die pols op schouderhoogte te houden. Het is geen worstelwedstrijd, om te zien wie het sterkste is; het gaat erom even te ervaren wat de normale spierweerstand van de te testen persoon is. Daarna herhaal je deze test, maar nu legt de te testen persoon de rechterhand op het borstbeen, net boven de borsten. Hier loopt de thymusmeridiaan; je test hier je levensenergie en je weerstand tegen ziekten. Vijfennegentig procent van de mensen test met de rechter hand op het borstbeen veel zwakker, wat betekent dat je (op dat moment) niet open staat voor het ontvangen van onvoorwaardelijke liefde. De te testen persoon doet nu de hierboven beschreven spiegeloefening, waarna de test met de hand op het borstbeen wordt herhaald. Je zult merken dat je nu onmiddellijk sterker test.

In het begin blijft het effect van deze oefening, afhankelijk van je conditie, tussen de één en de vijf uur aanwezig. Doe je deze oefening regelmatig, dan is het effect tenslotte blijvend. Het ogenblik waarop dat staat te gebeuren, is vaak herkenbaar aan een hevige weerstand die je tegen deze oefening gaat voelen. Ga dan juist een tijdje door; dan wordt deze transformatie een feit en heb je je een nieuwe en gezonde overtuiging eigen gemaakt.
Het is met Reiki als met onvoorwaardelijke liefde: hoe meer je ervan voor jezelf kunt ontvangen, des te meer je ervan kunt doorgeven aan anderen.

Meer over liefde

Zo nu en dan ontmoeten wij mensen die geleerd hebben dat het egoïstisch is om van zichzelf te houden; mensen die zijn opgevoed met het idee dat ze er alleen maar zijn om voor anderen te zorgen. Als jij het egoïstisch vindt om van jezelf te houden, kijk dan eens naar hoe je ouders met liefde omgingen. Waren zij in staat om van zichzelf te houden en zichzelf te accepteren zoals ze waren? En van jou? Als je niet in staat bent om van jezelf te houden zoals je bent, zul je meestal ook niet in staat zijn van een ander te houden zoals die is.

Veel mensen die niet geleerd hebben om voor zichzelf te zorgen, proberen dat te compenseren door dan maar voor anderen te zorgen. Ze kiezen een beroep als verpleger, bejaardenverzorgster, peuterleidster, maatschappelijk werker, psychotherapeut of moeder. (Dat dit meestal slecht betaalde beroepen zijn, benadrukt het feit dat men moeite heeft met voor zichzelf zorgen.) In de loop der jaren ontwikkelt zich dan vaak diep van binnen een verbitterd gevoel: En ik dan, wie zorgt er nu eens voor mij? Anderen die zich met hart en ziel storten op verzorgend werk of het verzorgen van gezinsleden, komen in de problemen, wanneer ze door pensionering, doordat de kinderen het huis uit gaan of doordat de partner overlijdt, niemand meer hebben om voor te zorgen. Op dat moment lijkt het leven ineens zonder zin, omdat ze nooit geleerd hebben om die zin aan zichzelf te ontlenen.

Liefde voor jezelf en zelfacceptatie zijn ook belangrijke voorwaarden om te kunnen veranderen. Wanneer je jezelf niet goed genoeg vindt, jezelf of stukken van jezelf veroordeelt en schuldgevoel of zelfafwijzing voor jou de reden is om te willen veranderen, is het vrijwel onmogelijk om die verandering ook tot stand te brengen. Werken aan jezelf wordt zo meestal alleen maar werken tegen jezelf. Het 'veroordeelde' stukje in jezelf zal zich dan alleen maar verzetten. Oud gedrag loslaten gaat nooit met geweld. Oud gedrag, oude emoties zijn ooit ontstaan doordat daar een goede reden voor was. Nu ze niet meer voedend voor je zijn, kun je je oude gevoelens en oude hebbelijkheden liefdevol bekijken en er afscheid van nemen.

Onderzoek heeft aangetoond dat oudere alleenstaanden met een huisdier gemiddeld langer leven dan oudere alleenstaanden zonder een huisdier.

Dat onderzoek zegt niets over huisdieren, het toont alleen maar aan dat het kunnen ervaren van liefde zonder voorwaarden – en dat is ten opzichte van dieren toch een stuk makkelijker dan bij mensen – belangrijk is voor onze gezondheid.

Er zijn mensen die er jaar in jaar uit naar verlangen nu eindelijk eens een liefdevolle partner te ontmoeten. Als hij/zij maar in mijn leven komt, zal ik gelukkig zijn, denken ze. Helaas werkt dat niet zo. Pas wanneer je in staat bent om jezelf lief te hebben, trek je liefdevolle relaties aan. Gedachten over jezelf werken als een soort magneet. Veroordeel je jezelf, dan zul je mensen aantrekken die je veroordelen. Vind je jezelf niet de moeite waard om van te houden, dan trek je ook geen mensen aan die dat wel doen. Heb je jezelf lief, dan trek je ook mensen aan die je liefhebben.

Een van de dingen die je kunnen overkomen wanneer je werkelijk onvoorwaardelijke liefde toelaat in je leven, is dat het als een soort reinigingsmiddel onmiddellijk 'het slechtste' in je losmaakt. Alles in je wat de onvoorwaardelijke liefde in de weg zit: angst, agressie, schuldgevoelens, haat, jaloezie, verwarring en dergelijke kan dan naar boven komen. Zoals het een natuurkundige wet is dat geen twee lichamen tegelijkertijd dezelfde ruimte kunnen innemen, zo duwt de liefde die je binnen laat de daarmee strijdige emoties naar buiten. Voor sommige mensen is dat voldoende reden om liever maar onmiddellijk op de vlucht te slaan, wanneer ze geconfronteerd worden met onvoorwaardelijke liefde. Voor anderen is het de kans om die oude rommel nu maar eens op te ruimen. Jezelf volledig openstellen voor het ontvangen van liefde is de meest effectieve weg naar totale emotionele zuivering. Misschien herken je je eigen trucs uit het verleden om werkelijke liefde buiten de deur te houden. Ikzelf maakte bijvoorbeeld, wanneer iemand iets aardigs tegen me zei, onmiddellijk een sarcastisch grapje, waardoor ze niet echt uitgenodigd werden om dat vaker te doen. Of ik begon datgene waar ik over gecomplimenteerd werd onmiddellijk te kleineren, zodat ik het compliment niet echt binnen hoefde te laten komen. Als er een relatie dreigde die werkelijk goed voor me was, had ik de gewoonte onmiddellijk smoorverliefd te worden op iemand anders.

Een van de belangrijkste uitspraken over liefde die ik ooit hoorde was: 'Een liefdevolle relatie is een relatie waarin een partner de liefde van de ander voor zichzelf niet belemmert.' (Kyle Os)

Een veel voorkomende misvatting over liefde is dat liefdevol zijn hetzelfde zou zijn als lief doen of altijd door iedereen lief gevonden worden. Dat we daarom dus nooit nee zouden mogen zeggen zonder onszelf liefdeloos te vinden. Je eigen grenzen stellen is echter bijzonder belangrijk. Het heeft alles te maken met respect hebben voor onszelf. Christus, die in onze cultuur zo ongeveer staat voor de meest liefdevolle mens die ooit geleefd heeft, was liefdevol tegenover braverikken, tegenover hoeren en tollenaars, maar verwijderde wel met harde hand die lieden uit de tempel die een slaatje wilden slaan uit het geloof. Toegeeflijkheid is geen liefde, het is meestal het uit de weg gaan van je verantwoordelijkheid onder het mom van liefde.

Het kind in jezelf

Iedere volwassene heeft een innerlijk kind. Ons innerlijke kind is een deel van onze persoonlijkheid. De 'subpersoonlijkheid' die wij het innerlijk kind noemen, ontstaat in de eerste jaren van ons leven. Doordat het zeer jonge kind zo volledig afhankelijk is van de ouder, zijn gevoelens van verlaten worden, afgewezen worden, bedreigd worden uitermate sterk. Ook die kinderen die zeer liefdevolle en zorgzame ouders hebben, kennen dat soort emoties. Als die emoties zeer sterk zijn, zijn ze te bedreigend voor het kind, het wil ze niet voelen. Het verdringt deze emotie. En door het verdringen van die emotie 'bevriest' als het ware een stukje van de persoonlijkheid. Het groeit niet meer mee met de rest van de persoonlijkheid op weg naar volwassenheid. Het kind in jezelf kun je herkennen aan de neiging om vandaag nog op zoek te gaan naar iemand die je geeft wat je als dat kleine kind tekort kwam. Wachten op een ander die... Een neiging waar je behoorlijk last van kunt hebben, want er is niemand op deze wereld die je vandaag kan geven waar het je tientallen jaren geleden aan ontbrak. Een voor de hand liggende reactie op de verlangens en behoeften van het innerlijke kind is dan ook om het zo vlug mogelijk weg te moffelen: 'Weg jij, niet lastig zijn, wat jij wilt is niet mogelijk.'

De ouder in jezelf

De belangrijkste reden dat we regelmatig met ons innerlijke kind overhoop liggen, is gelegen in het feit dat we nog een ander stukje subpersoonlijkheid hebben, namelijk onze innerlijke ouder. Die innerlijke ouder is tijdens onze jeugd ontstaan, doordat we dingen die ons verteld werden door onze opvoeders, werkelijk eigen hebben gemaakt. Onze innerlijke ouder is een expert op het gebied van plicht, van hoe het hoort en wat moet. Oordelen en veroordelen hoort bij onze innerlijke ouder. Als je jezelf hoort zeggen: 'Ik moet nog zoveel', dan is de innerlijke ouder aan het woord. Onze innerlijke ouder is ook het deel van onszelf dat ons de overtuiging geeft dat we zoals we nu zijn, niet de moeite waard zijn om onvoorwaardelijke liefde te ontvangen.

De volwassene

'Ik wil zo graag...', zegt mijn innerlijk kind. 'Dat

kan niet want...', zegt mijn innerlijke ouder. Als ik mijn leven nu eens laat bepalen door de verlangens van mijn innerlijke kind en dan weer door de eisen van de ouder, dan mist mijn leven richting, zwalk ik door het leven, nu eens de ene kant uit, dan weer de andere. Gelukkig bén ik niet een innerlijk kind, bén ik niet een innerlijke ouder, maar héb ik een innerlijk kind en een innerlijke ouder. Ik bén iets anders; ik ben een volwassene. En de volwassene kan kiezen. De volwassene kan luisteren naar wat het kind wil, luisteren naar wat de ouder daar tegenin te brengen heeft en zelf de besluiten nemen.

Samenwerken in plaats van strijden

De neiging om je innerlijke kind weg te drukken omdat die verlangens soms best lastig zijn, ligt voor de hand. In ons innerlijke kind zetelen echter ook onze levenskracht en onze creativiteit, en het onderdrukken daarvan kan alleen maar ten koste van onszelf gaan. Ons innerlijke kind kan, als het zich miskent voelt, ook gaan saboteren. Wanneer je, geleid door je innerlijke ouder, plichtsgetrouw aan het werk bent zonder ook maar enigszins rekening te houden met je innerlijke kind, kunnen er zomaar ongelukjes gebeuren die alle inspanningen teniet doen. Het onderdrukken van onze innerlijke ouder met al die hinderlijke oordelen en eisen, lijkt misschien wel eens heerlijk, maar veel van wat we overgenomen hebben van onze ouders is ook heel zinvol; het houdt ons op de been en uit de gevangenis. De levenskunst is om langzaam maar zeker te leren die twee partijen niet met elkaar te laten strijden, maar te laten samenwerken. Wanneer je iets onderneemt waar je innerlijke ouder en je innerlijke kind het over eens zijn, zul je dat veel energieker en succesvoller doen. Er zijn een aantal methodes die je helpen om die samenwerking tot stand te brengen:

1. Het is moeilijk om samen te werken met een kind dat angstig, boos of verdrietig is, dat zich in de steek gelaten voelt of bedreigd. Het is dan ook goed om eerst iets aan dat gevoel te doen.

Ga op een rustige plaats zitten en stel jezelf voor dat je jezelf als klein kind op schoot hebt. Leg je handen op zijn/haar rug (op je eigen maag en buik) en geef dat kindje een tijd lang Reiki. Stel je daarna voor dat je dat kindje heel klein laat worden en dat je het opneemt in jezelf op de plaats waar je hart zit. Zeg tegen dat kind: 'Ik houd van je; je bent welkom.' Wanneer je deze oefening regelmatig doet, zul je merken dat je innerlijke kind rustiger wordt.

Meer nuttige oefeningen met je innerlijke kind vind je in het boekje van Louise L. Hay: *Je kunt je leven helen* (De Zaak, Groningen).

2. Een andere effectieve methode is het in gesprek gaan met je innerlijke kind.

Als je je rot voelt neem je een teddybeer op schoot en je vraagt aan die beer (je innerlijke kind) wat er met hem is. Dan ga je helemaal in dat gevoel zitten, draait het beertje met zijn rug naar je toe en laat hem hardop antwoorden: 'Ik voel me rot want...' (bijv.: '...je hebt me in de steek gelaten, je hebt me niet beschermd, toen...'). Draai de beer dan weer met het gezicht naar je toe en vraag wat je voor hem/haar (als volwassene) kunt doen. Bijna altijd zal het antwoord van je innerlijk kind/beer zijn dat hij/zij wil dat je naar hem/haar luistert en hem of haar verzorgt en beschermt.

En terecht, want zo beschermend als we onmiddellijk worden wanneer het om andere – ook wildvreemde – kinderen gaat, zo slordig springen we om met ons innerlijke kind. Deze oefening helpt je te leren opkomen voor je eigen innerlijke kind, zoals je dat ook voor andere kinderen zou doen. Zorg er voor dat je tijdens deze oefening niet in de ouderrol schiet: 'Het is ook je eigen schuld, want...' Sluit deze oefening altijd af door tegen de beer te zeggen: 'Ik houd van je en ik zal er altijd voor je zijn.'

3. De twee-stoelen-methode gaat als volgt:

Als je met een dilemma zit: 'Ik wil zo graag, maar dat kan niet want..., wat moet ik nu doen?' kun je twee stoelen voor jezelf neerzetten. Je gaat in de ene stoel zitten en je zegt tegen de andere stoel: 'Ik wil...' Dan ga je in de andere stoel zitten en je zegt: 'Dat kan niet, want...' Dan ga je weer naar de eerste stoel en je zegt: 'Ja maar...' Zo wissel je telkens van stoel en van rol, zodat beide partijen in jezelf zich goed kunnen uitspreken. Wanneer we deze oefening in een trainingsgroep doen, valt het iedereen altijd onmiddellijk op hoe sterk lichaamshouding en stemgeluid verschillen wanneer iemand of in de ouder- of in de kindrol zit. Wanneer beide partijen alle ruimte hebben gehad om zich uit te spreken – je zult merken dat er meer zat dan je zelf gedacht had – kunnen ze het samen eens worden of neemt de volwassene het besluit.

Overnemen is een werkwoord

Het komt regelmatig voor dat mensen die met mensen werken er last van hebben dat ze pijnen, stemmingen of vermoeidheid overnemen van diegene die ze behandelen. Meestal is het probleem opgelost wanneer deze mensen de Reiki-inwijdingen ontvangen hebben, omdat je wanneer je gevuld bent met die energie, gewoon niet meer open staat voor de negatieve energie van anderen. Overnemen is echter niet iets dat je overkomt, het is iets dat je zelf doet, het is een activiteit. Wanneer je overneemt, kunnen daar een aantal verschillende oorzaken voor zijn: Misschien ben je tijdens een behandeling wel teveel met jezelf bezig, (Doe ik het wel goed genoeg; zou het wel werken, etc.?) Op die manier stop je de stroom van energie door jezelf heen naar de ander en ontstaat er een leegte bij jezelf die gevuld wil worden. Op dat moment ontstaat er een energiestroom de verkeerde kant op, de 'negatieve' energie van die ander stroomt naar jou toe om die leegte op te vullen. Een andere oorzaak voor overnemen vind je bij mensen die niet voldoende hebben geleerd om zelf open te staan voor onvoorwaardelijke liefde en die juist voor anderen willen zorgen ter compensatie van het feit dat ze niet voldoende voor zichzelf kunnen zorgen. Ze geven dan hun eigen energie weg, zodat er een leegte ontstaat. Tot dezelfde groep overnemers behoren ook diegenen die het gevoel hebben dat het jezelf opofferen ten behoeve van een ander een edele daad is. Vanuit een gebrek aan zelfwaardering nemen ze de pijnen van een ander op zich. Dat mag misschien wel nobel lijken, die ander heeft daar echter niets aan, die gaat gewoon door met het veroorzaken van zijn eigen pijn. De energie die wij Reiki noemen aan hem doorgeven geeft hem steun om zijn patronen los te laten en zijn ziekte te overwinnen. Zijn pijn van hem overnemen lost op lange termijn niets op. Daarnaast is er een groep overnemers die eigenlijk reuze trots is op wat ze doet, die het onterechte gevoel heeft dat dat overnemen een bewijs is van een hoogstaande vorm van gevoeligheid. Openstaan voor indrukken, zien wat er met een ander aan de hand is, is prachtig; het kan je helpen bij je werk. Het overnemen van andermans narigheid heeft echter niets hoogstaands; je hebt er alleen maar last van. Als je last hebt van overnemen, is het misschien goed om de komende tijd intensief aan de slag te gaan met de spiegeloefening.

Helderziendheid

Een van de gevolgen van de Reiki-inwijdingen, en van het veelvuldig gebruiken van Reiki, is dat hetgeen je aan talenten in je hebt, zich ook ontwikkelt. Soms zijn dat 'paranormale' vermogens, zoals bijvoorbeeld helderziendheid, heldervoelendheid en dergelijke. Zeker in het begin, wanneer je er een beetje door overvallen wordt dat je ineens zomaar dingen ziet, voelt, of weet van een ander die je aan het behandelen bent, kan dat behoorlijk verwarrend zijn. In het begin lopen fantasie, projectie en werkelijk helder zien vaak erg door elkaar. Je kunt er niet blind op varen. Het is dan ook niet aan te raden om onmiddellijk aan degene die je behandelt, te gaan vertellen wat je nu ziet. Zeker in het begin is het het zuiverst hetgeen je ziet of voelt te beschouwen als een boodschap voor jezelf. 'Ik zie het, dus ik mag hier iets van leren.' Per slot van rekening – en dat staat volstrekt los van 'paranormale' ervaringen – is iedereen die bij jou komt om zich te laten behandelen ook een spiegel voor jezelf. Kijk altijd welke les, welke boodschap die ander voor je heeft. Werkt die ander zijn genezing tegen? Hoe ga je daar zelf mee om? Is die ander verslaafd aan afhankelijkheid? Hoe zit dat bij jezelf? Weigert die ander heel consequent iets heel belangrijks over zichzelf onder ogen te zien? Hoe zit dat bij jou? Ook later, wanneer je veel zekerder van jezelf bent, is het nog goed om de ander niets op te dringen van wat jouw ervaring is. Laat de ander vrij door bijvoorbeeld te zeggen: 'Mijn fantasie is dat... Zegt dat je wat?'

Geld, kracht en liefde

Er is maar één energie, die vele verschillende verschijningsvormen kent. Geld is zo'n verschijningsvorm. Kracht is eveneens een verschijningsvorm van diezelfde energie. Ook liefde is zo'n verschijningsvorm. En voor deze ogenschijnlijk zo verschillende verschijningsvormen gelden precies dezelfde natuurwetten. Je kunt leren om je open te stellen voor geld, voor kracht en voor liefde. Je kunt de misvatting koesteren dat je het niet waard bent, je kunt die misvatting loslaten. Je kunt de misvatting koesteren dat er een verschil in waarde is tussen die verschillende uitingsvormen van een en dezelfde energie, door bijvoorbeeld de overtuiging te hebben dat liefde iets heel erg prachtigs en hoogstaands is, terwijl geld eigenlijk iets onwaardigs is, 'het slijk der aarde', dat je nu eenmaal spijtig genoeg nodig hebt, maar dat je als het aan jou lag liever zou missen. Zo zijn er ook mensen die een hen aangeprate afkeer hebben van kracht. Kracht zou bijvoorbeeld niet vrouwelijk zijn. Als je de tijd en de moeite neemt om oude overtuigingen los te laten, kun je ontdekken dat je met alle verschijningsvormen van die energie even liefdevol kunt omgaan, dat je met geld prachtige dingen kunt doen voor jezelf en voor anderen, dat kracht jezelf en anderen kan helpen, en dat liefde er ook kan zijn zonder voorwaarden. Nog een overeenkomst van die zo verschillende manifestaties van dezelfde energie is het gegeven dat ze allemaal pas werken als 'het stroomt'. Net zo goed als elektriciteit pas iets gaat betekenen wanneer je de stekker in het stopcontact steekt, als de energie kan stromen door een apparaat dat het door dat stromen in werking stelt, zo werkt geld pas voor je als het stroomt, kracht pas als ze stroomt en liefde eveneens pas als ze stroomt. Je kunt wel proberen om ze op te potten, angstig dat er nog eens magere jaren zullen komen waarin er niets meer naar je toestroomt, zodat je nog een appeltje voor de dorst hebt, het werkt niet. Het werkt alleen als je het *nu* laat stromen. Opvallend is ook, dat wanneer wij in een groep de oefening doen met kracht, geld en liefde, er altijd mensen zijn die denken aan het ontvangen ervan, anderen den-

ken over het bezitten ervan, en weer anderen denken aan het uitgeven ervan. (Bij welke groep hoor je zelf?)
Laten stromen lukt echter nooit, wanneer of het ontvangen of het bezitten of het doorgeven ervan ontbreekt.

Geld voor behandelingen

Het is prachtig wanneer je het cadeau dat Reiki is, met anderen kunt delen door anderen te behandelen zonder daar geld voor te vragen. Zeker in je beginperiode, waarin je negentig dagen dagelijks oefent met Reiki, verlenen diegenen die je behandelt je in feite een dienst. Ook in eigen kring is het veel leuker om een behandeling als cadeautje te geven. Ga je echter vreemden behandelen, dan verandert de zaak en is het meestal beter om daar een vergoeding voor te vragen. Vraag geen geld voor Reiki, vraag geld voor de tijd die je aan die ander besteedt. Voor velen is dit de normaalste zaak van de wereld, anderen hebben er ontzettend veel moeite mee om geld te vragen voor hun tijd. Sommige mensen die ervoor kiezen om anderen gratis te behandelen, willen niet betaald worden met geld, maar met dankbaarheid, respect of liefde. En zo ontstaat er tussen hen en de behandelde een wederzijdse afhankelijkheidsrelatie: de een is afhankelijk van gratis behandelingen, de ander is afhankelijk van dankbaarheid. Afhankelijkheid leidt echter nooit tot dankbaarheid maar bijna altijd tot wrokgevoelens over en weer. Anderen die er moeite mee hebben om geld te ontvangen, vinden zichzelf gewoonweg niet de moeite waard om te ontvangen. Vergeet echter niet dat, als je niet kunt ontvangen, je ook niet in staat bent om te geven. Het gaat ook om het nemen van verantwoordelijkheid voor jezelf. Door te betalen voor een behandeling neemt de zieke de verantwoordelijkheid voor het genezen van zijn eigen kwaal. Wanneer hij zich door je laat behandelen 'omdat jij dat zo nodig moet', neemt hij die verantwoordelijkheid niet. Onze ervaring en die van vele anderen is dat mensen die gratis worden behandeld vaker te laat komen, makkelijker afbellen, minder goed hun oefeningen thuis doen, de behandelaar en Reiki minder serieus nemen en minder snel herstellen dan diegenen die gewoon voor behandelingen betalen.

Een voorbeeld van zo'n misverstand over geld: Enige tijd geleden werden wij gebeld door iemand die zonder ons haar naam te willen vertellen vroeg haar dagelijks afstandsbehandelingen te sturen. Ze wilde niet langskomen voor een kennismakingsgesprek en een gewone behandeling. Ze wilde niet vertellen wat er met haar aan de hand was. Ze wilde niet zelf een cursus volgen zodat ze in staat zou zijn om zichzelf te behandelen. Ze eiste gratis behandelingen omdat het immers universele levensenergie was, waar iedereen gewoon recht op heeft. Ze vertelde dat ze al iemand anders gevonden had die haar dagelijks een afstandsbehandeling stuurde, maar ze was boos en ontevreden omdat die persoon haar slechts een kwartier per dag wilde behandelen. Ze wilde ook telefoonnummers en namen van andere mensen die ze zou kunnen vragen om haar te behandelen. Toen er even moest worden gezocht naar een telefoonnummer van iemand naar wie ze speciaal vroeg, werd ze kribbig en eiste dat er een beetje opgeschoten werd, want dat wachten kostte haar teveel tijd en geld voor de telefoon.

In dit praktijkvoorbeeld komt in ieder geval duidelijk naar voren dat het niet willen betalen samenhangt met niet zelf verantwoordelijkheid willen nemen, niet zelf iets willen doen voor je eigen gezondheid, dat het geven van gratis behandelingen gevoelens van wrok kan opleveren en dat het feit dat Reiki universeel is, en dus voor iedereen beschikbaar (door een cursus te volgen) het misverstand kan oproepen dat je van anderen kunt eisen om jou te geven wat je niet aan jezelf wilt geven. Wanneer je jezelf een beetje respecteert, zal het je weinig moeite kosten om niet toe te geven aan een dergelijke poging tot parasitisme.

Als je er moeite mee hebt om te laten betalen voor een behandeling, probeer dan eerlijk te kijken naar je emoties jegens de mensen die je behandelt. Doe je het nog steeds met plezier of heb je het gevoel dat er wat mis is in de relatie? Overigens zien wij mensen vaak heel creatief omgaan met dat 'betalen' voor behandelingen. Soms levert de behandelde een dienst, zoals het breien van een trui, het dweilen van een vloer of het invullen van de belastingformulieren van de behandelaar. Meestal gaat het dan zo dat de behandelaar een uur besteedt aan de behandelde en de behandelde een uur werkt voor de behandelaar.

Nu!

Verleden	Nu	Toekomst

Je kunt je je eigen levensgeschiedenis voorstellen als een rechte horizontale lijn. Het stuk links is je verleden, dan komt er een puntje dat het *nu* voorstelt en dan zet de lijn zich weer voort. Daar waar we met onze aandacht zitten, daar sturen we levensenergie naartoe. Veel mensen leven met hun aandacht gericht op pijnlijke gebeurtenissen uit het verleden, of met de aandacht gericht op een toekomst waarin van alles mis kan gaan. Zelden is onze aandacht in het *nu*. Even zelden zit dan ook onze energie in het *nu*. Terwijl het *nu* toch het enige moment is waarin we zijn, alle dagen van ons leven, het enige moment waarin we kunnen genieten, voor onszelf opkomen, groeien, genezen, gelukkig zijn enzovoort. Met volstrekt andere woorden gezegd: Worden staat het zijn in de weg. Je kunt niet gelukkig *worden*. Wanneer je je aandacht richt op gelukkig *worden*, richt je je aandacht op alles wat eerst nog moet gebeuren voordat je het zou kunnen zijn, op de voorwaarden. Door je aandacht daarop te richten breng je je energie daarnaartoe, en die energie laat die voorwaarden alleen maar groeien. Door te zeggen: 'Ik wil gelukkig worden', zeg je in feite: 'Ik ben nu niet gelukkig', en dat is een affirmatie, een uitspraak met de kracht zichzelf waar te maken.

Je kunt er ook voor kiezen om NU (even) gelukkig te zijn. Volledig los van alle voorwaarden. Ga gewoon even zitten en probeer het 5 minuten lang. Zie je wel!

Eigen verantwoordelijkheid

We hebben allemaal de neiging, wanneer we ongelukkig of ziek zijn, de verantwoordelijkheid daarvoor bij iets of iemand anders neer te leggen. Het maakt niet zoveel uit of dat nu onze opvoeding is, de kerk, de staat, het kapitalisme, de gebrekkige ozonlaag, kleurstoffen in ons voedsel, onze buurman of onze partner. Enerzijds is dat best comfortabel, want we kunnen van onszelf blijven geloven dat wij onschuldig zijn. We geven echter daarmee ook elke kans op verandering uit handen. We geven onze eigen macht weg. Ons verleden en de andere mensen om ons heen kunnen wij immers niet veranderen. We kunnen echter wel zelf veranderen.

In het kader van een onderzoek werd ooit een film van winkelend publiek vertoond voor een groep gedetineerden. Aan deze criminelen werd gevraagd om aan te geven wie van deze winkelende mensen ze nu bij voorkeur zouden beroven. Al deze criminelen wezen steeds weer dezelfde mensen aan. Er bestaat dus zoiets als slachtoffergedrag. Er zijn mensen die volkomen onbewust een uitnodigende weerloosheid uitstralen. Dat is overigens geen reden om daders van misdrijven vrij te pleiten. Ook deze zijn volledig verantwoordelijk voor wat ze doen. Het is ook niet realistisch om tegen iemand te zeggen: 'Je bent beroofd en dat is dus je eigen schuld.' Het gaat erom te ontdekken dat je door de manier waarop je over jezelf denkt anderen aantrekt die op dezelfde manier over je denken, of anderen uitnodigt op dezelfde manier over je te denken. De wereld kunnen we onmogelijk veranderen, de manier waarop we over onszelf denken gelukkig wel. In zijn boekje *Geluk is ook niet alles; Een handleiding voor ongelukzoekers* (Houten ....) beschrijft Paul Watzlawick op een humoristische wijze een tiental manieren waarop wij onszelf ongelukkig kunnen maken en hoe we anderen daarbij kunnen gebruiken. Een van de leuke kanten van dit boekje is dat we er onszelf in kunnen herkennen op een manier die ons in staat stelt om eens te lachen om onze eigen onhandigheden, het is allemaal niet zo zwaar en tragisch. En als we zien hoe we iets doen, kunnen we er ook voor kiezen het anders te doen.

Uit je emoties

We zijn bijna allemaal opgegroeid met het idee dat bepaalde emoties niet 'horen'. Boosheid hoort niet bij meisjes; verdriet hoort niet bij jongens etcetera. En als we daarna op weg gaan naar meer spiritualiteit, naar een groeiende verantwoordelijkheid voor onze eigen gezondheid en ons eigen humeur, dreigen we het onszelf helemaal moeilijk te maken vanuit het vermeende inzicht dat we – wanneer een ander niet meer de schuld is – ook niet meer kwaad of verdrietig mogen zijn. Een emotie is echter nooit goed of slecht, een emotie is. Als je het hebt over 'negatieve' emoties, houdt dat al een veroordeling in die het moeilijker maakt om die emotie gewoon te uiten. Ook wanneer je een emotie niet deelt met je omgeving, straal je hem toch uit, de ander weet het misschien niet, maar voelt het wel degelijk. Als je je eigen emotie veroordeelt en hem daarom niet uit, zet je daarmee een energetische muur tussen jezelf en de rest van de wereld. Ook heeft een emotie die niet wordt geuit, de neiging om steeds meer spanning op te bouwen tot het moment dat de bom barst. Op dat ogenblik kun je niet meer kiezen op welke manier de emotie naar buiten komt. Die keuze heb je in een eerder stadium wel. De explosie kan zich tegen je omgeving richten en schadelijk zijn voor een ander of voor jouw relatie met die ander. Afbrekende kritiek, bedoeld om de ander zich klein te laten voelen, is daar een voorbeeld van. Die explosie kan zich ook naar binnen richten en schadelijk zijn voor jezelf. Kwaadheid op een ander die je niet kunt uiten en die naar binnen gericht wordt, kan je lichaam aantasten of tot depressie en een innerlijke doodsheid leiden. Sommige mensen zijn zo gehaaid in het controleren van een emotie dat ze hem voortdurend onder de duim kunnen houden. Die emotie blijft echter wel gewoon in het verborgene voortbestaan en wil eruit. Het geworstel van de emotie om eruit te komen, kost energie; ons geworstel om haar te onderdrukken kost ook energie. Misschien is het goed om, wanneer je je een tijd lang depressief en uitgeput voelt, jezelf eens af te vragen of je de laatste tijd niet bezig bent geweest een emotie te onderdrukken.

Het niet willen zien en accepteren van je eigen 'negatieve' emoties en het onderdrukken daarvan kan soms in het ergste geval tot vreemde en beangstigende ervaringen leiden. Er kwam eens een vrouw bij ons die ervan overtuigd was dat ze bezeten was. Er zat een demon in haar, een monster dat aan haar knaagde en probeerde haar te vernietigen. Ze kon dat monster duidelijk zien en voelen. Ze was angstig, zeer gespannen en had erg veel pijn. Dat monster – zo vertelde ze – was haar toegestuurd door een kwaadwillende occulte sekte waar ze ooit kennis mee had gemaakt. Deze persoon was een fantastisch lief mens, stond altijd klaar voor de mensen om haar heen en kon zich absoluut niet voorstellen ooit kwaad te zijn of kwaad te doen. Doordat ze zich haar eigen kwaadheid niet kon voorstellen en niet kon accepteren, plaatste ze die als het ware buiten zichzelf. (Het heeft niets met mij te maken en het is me ook nog door anderen toegestuurd.) Wat ze wilde, was dat deze demon uitgedreven, verjaagd werd. Wat ze daarentegen leerde, was dat ze dat monster liefde kon toesturen – met de tweede graad van Reiki gaat dat heel eenvoudig – en dat het daardoor ineenkromp, niet meer bedreigend was, maar zelfs een beetje zielig werd. Na korte tijd was het monster verdwenen. Doordat ze tevens leerde dat kwaadheid ook voor haar een emotie was die er mocht zijn en dat ze die kwaadheid ook aan anderen kon laten zien, hoefde ze ook niet meer bang te zijn om ooit nog eens 'monsters in de kelder' te kweken. Eerst accepteren en dan uiten dus!

Het is echter bar lastig om te laten weten: 'Ik ben kwaad' zonder daarbij tegelijk de indruk te geven: 'en dat is jouw schuld!' In haar boek *Liefdevolle relaties* (Ankh-Hermes, Deventer, 1985) geeft Sondra Ray een prachtig voorbeeld van hoe het ook kan. Ze zit te schrijven in de kamer, terwijl daar ook haar kinderen aan het spelen zijn die uiterst druk en rumoerig zijn. Haar werk wil niet erg vlotten en ze windt zich op over het rumoer. Ze weet echter dat niet haar kinderen verantwoordelijk zijn voor haar opwinding, maar dat ze dat zelf is. Daarom roept ze niet tegen de kinderen dat ze zich koest moeten houden, maar gaat met haar gezicht naar de muur zitten en gilt haar frustratie uit. Wat er op dat moment gebeurt is dat zij haar spanning kwijt is, zonder dat de kinderen zich aangevallen voelen. Die komen verbaasd naar haar toe, aaien haar over haar bol en zeggen: 'Ach mammie, wat is er toch?' Daarna is haar spanning weg, ze kan weer lekker werken en de kinderen die zo druk waren omdat ze haar spanning aan het overnemen waren, kunnen weer rustig spelen. Een andere manier om met je eigen emoties om te gaan is de volgende: Zet voor jezelf twee stoelen neer, ga in de ene stoel zitten, terwijl je fantaseert dat in de andere stoel diegene zit die jij ziet als oorzaak voor deze emotie. Uit je emotie tegen die gefantaseerde ander. Wissel dan van stoel en reageer zoals je denkt dat die ander zou reageren op jouw grote opruiming. Wissel dan weer van stoel en ga verder. Probeer het verschil te voelen tussen wat er met die ander gebeurt wanneer je zegt: 'Ik haat je, want...' of 'Ik haat het als je...' Doe deze oefening alleen wanneer er een vertrouwd persoon bij is die je kan steunen.

Ten slotte

De kern van elke Reiki-cursus bestaat uit de inwijdingen. In dit boekje is beschreven hoe de Masters die vanuit het Reiki-Centrum werken, de cursus verder invullen. Het is onze manier op dit moment. Anderen kunnen daar volstrekt anders mee omgaan zonder afbreuk te doen aan waar het werkelijk om gaat. Ook de door ons gepresenteerde overtuigingen en inzichten zijn persoonlijk en van dit ogenblik. Wanneer ze je steunen in je groei, kun je ze gebruiken. Wanneer je het gevoel hebt dat ze je in de weg zitten, leg ze naast je neer. Je kunt er volstrekt andere meningen op na houden en toch met Reiki werken en Reiki voor je laten werken.

Voor meer informatie over Reiki, behandelingen, cursussen en lezingen, kan contact worden opgenomen met

Het Reiki Centrum,
Rijksstraatweg 120,
3956 CT LEERSUM.
Tel.: 0343 461136 of 06 51656981

Aanbevolen boeken

Paul Watzlawick, *Geluk is ook niet alles; Een handleiding voor ongelukzoekers*, Van Loghum Slaterus, Houten.
Sondra Ray, *Liefdevolle relaties*, Ankh-Hermes, Deventer
Louise L. Hay, *Je kunt je leven helen*, De Zaak, Groningen.
Robin Norwood, *Als HIJ maar gelukkig is*, Sesam, Baarn.
Amy en Thomas Harris, *Blijf o.k.*, Ambo, Baarn.
Thorwald Dethlefsen/Rüdiger Dahlke, *De zin van ziekzijn*, Ankh-Hermes, Deventer
Georgina Regan, *Handen die helen*, East-West Publications, Den Haag.

Op groter formaat verschenen:

Bodo J. Baginski/Shalila Sharamon
REIKI
De universele levensenergie
Vierde druk, 186 bladzijden, geïll., gebonden

*

Sondra Ray
HET GEHEIM VAN EEN GOEDE RELATIE
184 bladzijden, paperback

*

Sondra Ray
LIEFDEVOLLE RELATIES
De geheimen van een goede relatie
Derde druk, 164 bladzijden, paperback

*

Phyllis Davis
LIEFDEVOLLE AANRAKING
168 bladzijden, paperback

*

Richard Gordon
JOUW HANDEN GENEZEN
Polariteitservaringen
Zesde druk, 152 bladzijden, geïll., gebonden

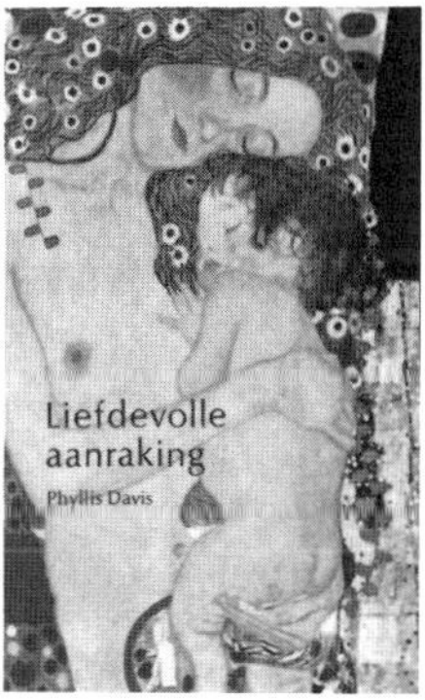

Uitgeverij Ankh-Hermes bv Deventer

Op groter formaat verschenen:

Mildred Carter
HANDREFLEXOLOGIE
Sleutel tot een optimale gezondheid
Derde druk, 200 bladzijden, geïll., gebonden

*

Mildred Carter
LICHAAMSREFLEXOLOGIE
Genezen van top tot teen
216 bladzijden, geïll., gebonden

*

Kevin en Barbara Kunz
COMPLETE VOETREFLEXOLOGIE
Zesde druk, 160 bladzijden, geïll., gebonden

*

Kevin en Barbara Kunz
HAND- EN VOETREFLEXOLOGIE
Tweede druk, 208 bladzijden, geïll., gebonden

*

Linda Keen/Aart de Waard
INTUÏTIE IN JE VINGERS
116 bladzijden, geïll., gebonden

*

Ann Gillanders
VOETREFLEXOLOGIE VOOR HET HELE GEZIN
144 bladzijden, , geïll., paperback

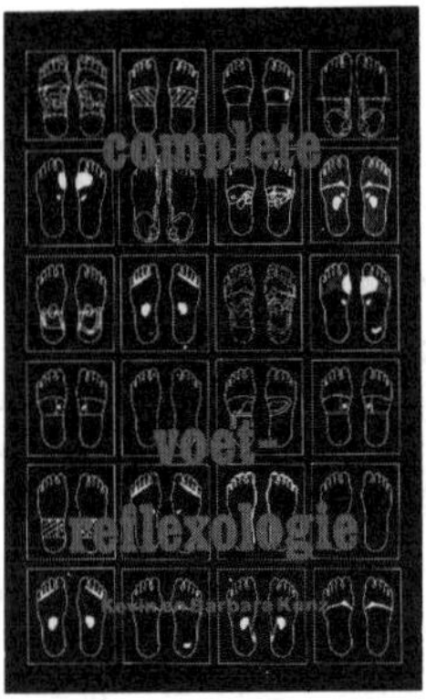

Uitgeverij Ankh-Hermes bv Deventer